MARION STEDTWALD

HASHIMOTO

· KOCHBUCH ·

Alle Ratschläge in diesem Buch wurden vom Autor und vom Verlag sorgfältig erwogen und geprüft. Eine Garantie kann dennoch nicht übernommen werden. Eine Haftung des Autors beziehungsweise des Verlags für jegliche Personen-, Sach- und Vermögensschäden ist daher ausgeschlossen.

Email: info@edition-lunerion.de
www.edition-lunerion.de

Psiana eCom UG
Berumer Str. 44
26844 Jemgum

Vorwort

Sie haben eine Hashimoto-Thyreoiditis-Diagnose erhalten und gucken jetzt ratlos in den Kühlschrank? Sie wollen Ihre Gesundheit mit optimaler Ernährung unterstützen, wissen aber nicht genau, wie? Auf Genuss und Geschmack möchten Sie dabei jedenfalls nicht verzichten müssen? Dann ist dieses Kochbuch Ihr perfekter Verbündeter!

Schwitzen, Herzrasen, Gewichtsverlust, Durchfall, Erschöpfung, Gewichtszunahme, depressive Verstimmung und viele weitere Symptome: Die Entzündung der Schilddrüse kann im Verlauf der Erkrankung eine Vielzahl an Beschwerden mit sich bringen, die die Lebensqualität erheblich einschränkt. Doch zum Glück ist das kein unausweichliches Schicksal, denn neben passender medizinischer Behandlung steht Betroffenen mit gezielter Ernährungsumstellung eine wirksame Methode zur Verfügung, selbst für das Wohlbefinden aktiv zu werden. Dieses Buch präsentiert Ihnen eine Riesenauswahl an leckeren Rezepten, deren Inhaltsstoffe perfekt auf Ihre besonderen Bedürfnisse zugeschnitten sind, sodass Sie mit jeder Mahlzeit genussvoll etwas für Ihre Gesundheit tun können. Ob Frühstück oder Abendbrot, Veggie oder Fleischfan, Freund der deftigen Küche oder Fitnessfreak, hier finden Sie abwechslungsreiche und nahrhafte Köstlichkeiten für jede Lebenslage.

Guten Appetit!

INHALT

Genussvoll leben mit Hashimoto

In diesem Kochbuch begeben Sie sich auf eine kulinarische Reise, die speziell darauf ausgerichtet ist, die Bedürfnisse und Herausforderungen von Personen mit Hashimoto-Thyreoiditis zu adressieren. Die Diagnose dieser Autoimmunerkrankung, bei der die Schilddrüse durch das eigene Immunsystem angegriffen wird, führt häufig zu einer Fülle von Fragen bezüglich der optimalen Ernährungsweise. Die Funktion der Schilddrüse, ein kleines Organ mit großer Wirkung auf den gesamten Stoffwechsel, beeinflusst maßgeblich das Wohlbefinden. Störungen in diesem fein abgestimmten System können weitreichende Folgen haben, von Energiemangel bis hin zu Gewichtsveränderungen. Mit diesem Kochbuch möchten wir Ihnen zeigen, wie Sie durch gezielte Ernährungsentscheidungen Ihre Gesundheit unterstützen und gleichzeitig den Genuss am Essen bewahren können.

Die richtige Ernährung bietet die Möglichkeit, den Körper mit den notwendigen Nährstoffen zu versorgen, Entzündungen zu reduzieren und das Immunsystem zu stärken. Dieses Buch präsentiert eine sorgfältig zusammengestellte Auswahl an Rezepten, die nicht nur nährstoffreich und entzündungshemmend sind, sondern auch den Gaumen erfreuen. Von stärkenden Frühstücksvarianten über nährende Hauptmahlzeiten bis hin zu leichten Snacks und Desserts – jedes Rezept ist darauf abgestimmt, die spezifischen Ernährungsbedürfnisse bei Hashimoto zu erfüllen. Dabei wird großen Wert darauf gelegt, Zutaten zu verwenden, die bekanntermaßen gut verträglich sind und die Schilddrüsengesundheit fördern. Lassen Sie sich inspirieren und entdecken Sie, wie vielfältig und schmackhaft eine auf Ihre Gesundheit abgestimmte Ernährung sein kann.

DIESE LEBENSMITTEL SIND BEI HASHIMOTO IHRER GESUNDHEIT FÖRDERLICH

Die Auswahl der richtigen Lebensmittel spielt eine wesentliche Rolle bei der Unterstützung der Schilddrüsenfunktion und der allgemeinen Gesundheit, besonders für Menschen mit Hashimoto-Thyreoiditis. Eine ernährungsbasierte Herangehensweise zielt darauf ab, den Körper mit lebenswichtigen Nährstoffen zu versorgen, die Entzündungsreaktionen minimieren und das Immunsystem stärken können. Bestimmte Lebensmittel sind dafür bekannt, dass sie besonders gut verträglich sind und Inhaltsstoffe enthalten, die sich positiv auf die Schilddrüsengesundheit auswirken. Im Folgenden finden Sie eine Übersicht über Lebensmittel, die Ihre Gesundheit unterstützen und Teil Ihrer täglichen Ernährung sein sollten.

Lebensmittelgruppe	**Beispiele**
Gemüse	Blattgemüse, Brokkoli, Blumenkohl, Süßkartoffeln
Früchte	Beeren, Äpfel, Bananen, Avocados
Proteine	Fisch (reich an Omega-3-Fettsäuren), Huhn, Truthahn, Linsen
Vollkornprodukte	Quinoa, (Natur-)Reis, Buchweizen (glutenfrei)
Gesunde Fette	Olivenöl, Leinsamen, Chiasamen, Nüsse (insbesondere Walnüsse und Mandeln)
Milchalternativen	Mandelmilch, Kokosmilch, Cashewmilch
Gewürze und Kräuter	Kurkuma, Ingwer, Koriander, Rosmarin

DIESE LEBENSMITTEL SOLLTEN SIE TENDENZIELL MEIDEN

Bei Hashimoto-Thyreoiditis kann die Reaktion des Körpers auf bestimmte Lebensmittel dazu führen, dass Symptome verschlimmert werden oder Entzündungsreaktionen verstärkt auftreten. Einige Lebensmittel können die Aufnahme wichtiger Nährstoffe behindern oder das Immunsystem in einer Weise beeinflussen, die für Personen mit Hashimoto ungünstig ist. Die Identifizierung und Reduzierung dieser Lebensmittel in Ihrer Ernährung kann helfen, die Schilddrüsenfunktion zu verbessern und das allgemeine Wohlbefinden zu fördern. Nachfolgend finden Sie eine Liste von Lebensmitteln, die Sie möglicherweise meiden oder deren Konsum Sie einschränken sollten.

Lebensmittelgruppe	**Beispiele**
Glutenhaltige Lebensmittel	Weizen, Gerste, Roggen und daraus hergestellte Produkte
Sojaprodukte	Sojamilch, Tofu, Sojasoße
Bestimmte Milchprodukte	Kuhmilch, Joghurt, Käse (bei Laktoseintoleranz oder -empfindlichkeit)
Zuckerreiche Lebensmittel	Süßigkeiten, Kuchen, zuckerhaltige Getränke
Hochverarbeitete Lebensmittel	Fast Food, Fertiggerichte, Snacks mit vielen Zusatzstoffen
Bestimmte Gemüsesorten	Kreuzblütler in roher Form (z. B. Kohl, Blumenkohl) in großen Mengen, wenn sie die Schilddrüsenfunktion beeinträchtigen können
Alkohol	Bier, Wein, Spirituosen, die Entzündungen fördern und die Hormonbalance beeinträchtigen können
Koffein	Kaffee, schwarzer Tee, Energiegetränke (in Maßen und individuell zu betrachten)

Es ist wichtig zu beachten, dass die Reaktion auf bestimmte Lebensmittel individuell sehr unterschiedlich sein kann. Daher empfiehlt es sich, auf die Signale Ihres Körpers zu achten und gegebenenfalls mit einem Ernährungsspezialisten zusammenzuarbeiten, um eine für Sie passende Ernährungsweise zu entwickeln. Das Ziel ist es, eine ausgewogene Ernährung zu finden, die Ihre Schilddrüsengesundheit unterstützt und gleichzeitig Ihren Lebensstil und Ihre Vorlieben berücksichtigt.

Hinweis zu Gluten:
Bei der Zusammenstellung der Rezepte für dieses Kochbuch wurde darauf geachtet, dass alle Gerichte ohne Gluten auskommen. Diese bewusste Entscheidung beruht auf der Erkenntnis, dass viele Personen mit Hashimoto-Thyreoiditis auf Gluten empfindlich reagieren. Gluten, ein Protein in Weizen, Gerste und Roggen, verursacht bei einigen Betroffenen verstärkte Entzündungsprozesse und verschlimmert die Symptome der Autoimmunerkrankung.

Durch die Auswahl von Zutaten, die kein Gluten enthalten, zielt dieses Kochbuch darauf ab, die Gesundheit Ihrer Schilddrüse zu unterstützen und Entzündungen zu reduzieren. Diese sorgfältige Vorgehensweise bietet Ihnen die Möglichkeit, sich auf dem Weg zu einem besseren Wohlbefinden unterstützt zu fühlen und gleichzeitig die Freude am Essen voll auszukosten.

Die Schilddrüse

LAGE IM KÖRPER UND FUNKTIONSWEISE

Die Schilddrüse befindet sich im unteren Teil des Halses, direkt unterhalb des Kehlkopfes und vor der Luftröhre. Diese Drüse hat eine schmetterlingsähnliche Form, wobei die beiden Lappen durch einen schmalen Isthmus verbunden sind. Der Isthmus ist eine schmale Gewebebrücke, die die beiden Seitenlappen der Schilddrüse miteinander verbindet und zentral über der Luftröhre liegt. Er spielt eine wichtige Rolle bei der strukturellen Organisation der Schilddrüse und ermöglicht eine gleichmäßige Verteilung der von ihr produzierten Hormone. Die Lage der Schilddrüse ermöglicht ihr eine effiziente Sekretion von Hormonen direkt in den Blutkreislauf, was für die Regulation zahlreicher Körperfunktionen unerlässlich ist.

Die primäre Aufgabe der Schilddrüse liegt in der Produktion, Speicherung und Freisetzung von zwei wesentlichen Hormonen: Thyroxin (T4) und Triiodthyronin (T3). Diese Hormone sind verantwortlich für die Regulierung des Stoffwechsels, beeinflussen den Energieverbrauch, die Körpertemperatur sowie das Wachstum und die Entwicklung. Die Schilddrüse nutzt Jod, ein Mineral, das mit der Nahrung aufgenommen wird, um diese Hormone zu synthetisieren. Daher ist eine ausreichende Jodzufuhr für die Schilddrüsenfunktion unerlässlich.

Die Steuerung der Schilddrüsenaktivität erfolgt durch ein ausgeklügeltes System, das als Hypothalamus-Hypophysen-Schilddrüsen-Achse bekannt ist. Der Hypothalamus, ein Teil des Gehirns, sondert Thyreotropin-Releasing-Hormon (TRH) aus, welches die Hypophyse veranlasst, Thyreoidea-stimulierendes Hormon (TSH) zu produzieren. TSH stimuliert dann die Schilddrüse, T3 und T4 zu produzieren und freizusetzen. Dieser Regelkreis ermöglicht eine präzise Abstimmung der Hormonspiegel im Körper. Eine ordnungsgemäße Funktion der Schilddrüse ist für die Gesundheit von höchster Bedeutung. Störungen in der Schilddrüsenfunktion können zu einer Vielzahl von Symptomen führen, die von geringfügigen Unannehmlichkeiten bis hin zu ernsthaften gesundheitlichen Problemen reichen können. Die Schilddrüse spielt eine Schlüsselrolle bei der Aufrechterhaltung eines ausgeglichenen Stoffwechsels und beeinflusst nahezu jedes Organ im Körper. Daher ist es wichtig, auf Anzeichen zu achten, die auf eine Schilddrüsendysfunktion hinweisen könnten, und gegebenenfalls ärztliche Hilfe in Anspruch zu nehmen.

WELCHE GESUNDHEITLICHEN PROBLEME KÖNNEN DURCH DIE SCHULDDRÜSE VERURSACHT WERDEN?

Gesundheitliche Probleme, die von der Schilddrüse ausgehen, können tiefgreifende Auswirkungen auf den gesamten Organismus haben. Störungen in ihrer Funktion können daher eine Vielzahl von Symptomen und Erkrankungen nach sich ziehen. Die Hypothyreose und Hyperthyreose stellen dabei die zwei Pole eines Spektrums dar, auf dem sich die Schilddrüsenfunktionsstörungen bewegen. Während bei der Hypothyreose eine Unterfunktion der Schilddrüse vorliegt und der Körper in einen verlangsamten Modus versetzt wird, zeichnet sich die Hyperthyreose durch eine Überfunktion aus, die den Stoffwechsel beschleunigt und den Körper in einen Zustand permanenter Überaktivität versetzen kann. Darüber hinaus können Entzündungen der Schilddrüse, bekannt als Thyreoiditis, Schmerzen und eine gestörte Hormonproduktion verursachen. Diese Entzündungen können autoimmuner Natur sein, wie bei der Hashimoto-Thyreoiditis, bei der das Immunsystem fälschlicherweise Schilddrüsengewebe angreift, was langfristig zu einer Hypothyreose führen kann. Eine weitere Form, die postpartale Thyreoiditis, tritt bei einigen Frauen nach der Geburt auf und kann vorübergehende Phasen von Hyperthyreose gefolgt von Hypothyreose verursachen. Nicht zuletzt ist die Bildung von Schilddrüsenknoten ein häufiges gesundheitliches Problem. Diese Knoten sind in der Regel gutartig, können aber in seltenen Fällen maligne entarten und Schilddrüsenkrebs darstellen. Schilddrüsenkrebs ist zwar vergleichsweise selten, erfordert jedoch eine frühzeitige Diagnose und Behandlung, um die besten Heilungschancen zu gewährleisten. Die Symptome von Schilddrüsenerkrankungen sind oft vielschichtig und können ohne gezielte Untersuchung leicht mit anderen gesundheitlichen Problemen verwechselt werden, was die Bedeutung einer aufmerksamen Beobachtung und rechtzeitigen medizinischen Evaluation unterstreicht.

Erkrankung	**Beschreibung**	**Auswirkungen**
Hypothyreose	Unterfunktion der Schilddrüse, verlangsamt den Körper.	Führt zu Müdigkeit, Gewichtszunahme, Kälteempfindlichkeit.
Hyperthyreose	Überfunktion der Schilddrüse, beschleunigt den Stoffwechsel.	Verursacht Gewichtsverlust, Herzklopfen, Nervosität.
Thyreoiditis	Entzündung der Schilddrüse, kann autoimmun bedingt sein (z. B. Hashimoto, postpartale Thyreoiditis).	Kann Schmerzen und gestörte Hormonproduktion verursachen, möglicher Übergang von Hyper- zu Hypothyreose.
Schilddrüsenknoten	Häufig gutartige Knoten, können selten bösartig werden.	Kann Schluckbeschwerden oder ein Druckgefühl im Hals verursachen.
Schilddrüsenkrebs	Vergleichsweise selten, erfordert frühzeitige Diagnose und Behandlung.	Früherkennung ist entscheidend für die Heilungschancen.

RISIKOFAKTOREN

Verschiedene Faktoren können das Risiko für die Entwicklung von Schilddrüsenerkrankungen erhöhen. Einer dieser Faktoren ist die genetische Veranlagung. Personen mit einer Familienanamnese von Schilddrüsenerkrankungen tragen ein höheres Risiko, selbst an solchen Erkrankungen zu leiden. Die genetische Disposition beeinflusst die Anfälligkeit für autoimmun bedingte Schilddrüsenprobleme wie die Hashimoto-Thyreoiditis oder den Morbus Basedow. Diese Krankheitsbilder sind darauf zurückzuführen, dass das Immunsystem irrtümlich Schilddrüsengewebe angreift, was zu einer Unter- oder Überfunktion der Schilddrüse führt. Es wird empfohlen, dass Personen mit einer derartigen Familienhistorie ihren Schilddrüsenstatus regelmäßig überprüfen lassen, um mögliche Erkrankungen frühzeitig erkennen und behandeln zu können.

Ein weiterer signifikanter Risikofaktor ist das Geschlecht und das Alter einer Person. Frauen erfahren ein deutlich höheres Risiko, an Schilddrüsenerkrankungen zu erkranken, als Männer. Insbesondere in Phasen hormoneller Umstellungen, wie während der Schwangerschaft oder in den Wechseljahren, steigt das Risiko für Schilddrüsenprobleme bei Frauen. Diese hormonellen Veränderungen können die Schilddrüsenfunktion beeinträchtigen und zu Störungen führen. Ältere Menschen sind ebenfalls anfälliger für Schilddrüsenerkrankungen, wobei das Risiko mit zunehmendem Alter steigt. Dies unterstreicht die Wichtigkeit regelmäßiger Kontrollen, besonders für Frauen und ältere Erwachsene, um Schilddrüsenerkrankungen vorzubeugen oder sie in einem frühen Stadium zu erkennen.

Schließlich spielt auch die Ernährung eine wichtige Rolle bei der Prävention und dem Risiko für Schilddrüsenerkrankungen. Eine unzureichende Zufuhr von Jod kann zu einer Schilddrüsenunterfunktion und der Bildung von Kropf führen. Jod ist ein essenzielles Element, das die Schilddrüse benötigt, um Hormone zu produzieren. In vielen Teilen der Welt wird Speisesalz jodiert, um Jodmangel vorzubeugen. Jedoch kann auch eine übermäßige Jodaufnahme, besonders durch Nahrungsergänzungsmittel, das Risiko für

Schilddrüsenerkrankungen erhöhen. Eine ausgewogene Ernährung, die die richtige Menge an Jod enthält, ist daher für die Aufrechterhaltung einer gesunden Schilddrüsenfunktion entscheidend. Personen, die sich über ihren Jodstatus unsicher sind, sollten ihren Ernährungsplan mit einem Arzt oder Ernährungsberater besprechen, um sicherzustellen, dass sie ihren Bedarf ohne Über- oder Unterversorgung decken.

SYMPTOME UND BESCHWERDEN

Die Symptome und Beschwerden, die im Zusammenhang mit Schilddrüsenerkrankungen auftreten, variieren stark je nach Art der Funktionsstörung – sei es eine Unter- oder Überfunktion. Bei einer Hypothyreose, also einer Unterfunktion der Schilddrüse, fühlen sich Betroffene häufig müde und abgeschlagen, selbst nach einer ausreichenden Nachtruhe. Diese anhaltende Müdigkeit und Energiearmut kann den Alltag erheblich beeinträchtigen. Gewichtszunahme trotz unveränderter Essgewohnheiten ist ein weiteres häufiges Symptom, das für Betroffene nicht nur physisch, sondern auch emotional belastend sein kann. Hinzu kommen eine erhöhte Kälteempfindlichkeit, trockene Haut, brüchige Haare und Nägel sowie eine Verlangsamung der Herzfrequenz. Diese Symptome entwickeln sich oft schleichend, was die frühzeitige Erkennung einer Hypothyreose erschwert.

Im Gegensatz dazu stehen die Symptome einer Hyperthyreose, bei der die Schilddrüse mehr Hormone produziert, als der Körper benötigt. Betroffene berichten häufig von einer unerklärlichen Gewichtsabnahme, trotz gesteigerten Appetits. Eine übermäßige Schwitzneigung, selbst bei geringer körperlicher Anstrengung oder in kühlen Umgebungen, ist ein weiteres Indiz für eine Hyperthyreose. Zudem können ein erhöhter Herzschlag, Nervosität, Schlafstörungen und eine allgemeine Unruhe auftreten. Diese Symptome können die Lebensqualität erheblich einschränken und die Betroffenen in ihrem täglichen Leben beeinträchtigen.

Darüber hinaus gibt es Anzeichen, die sowohl bei Hypo- als auch bei Hyperthyreose auftreten können, wie beispielsweise Veränderungen der

Menstruationszyklen bei Frauen oder Muskelkrämpfe und Schwäche. Eine vergrößerte Schilddrüse, auch Kropf genannt, kann bei beiden Formen der Schilddrüsenfunktionsstörung auftreten und zu Schluckbeschwerden oder einem Druckgefühl im Hals führen. Diese Symptome und Beschwerden erfordern eine sorgfältige Abklärung durch medizinisches Fachpersonal, um die zugrundeliegende Ursache zu identifizieren und eine angemessene Behandlung einzuleiten. Eine frühzeitige Diagnose und Therapie sind essenziell, um langfristige Gesundheitsschäden zu vermeiden und die Lebensqualität der Betroffenen zu verbessern.

Zustand	Häufige Symptome	Weitere Symptome
Hypothyreose	Müdigkeit, Gewichtszunahme, Kälteempfindlichkeit, trockene Haut, brüchige Haare/Nägel, verlangsamte Herzfrequenz	Verstopfung, Depression, Gedächtnisprobleme, langsamer Puls, Heiserkeit
Hyperthyreose	Gewichtsverlust, übermäßiges Schwitzen, erhöhter Herzschlag, Nervosität, Schlafstörungen, allgemeine Unruhe	Zittern, Hitzeintoleranz, vermehrter Stuhlgang, Augenprobleme (z. B. Glotzaugen), Angstzustände
Beide	Veränderungen der Menstruationszyklen, Muskelkrämpfe, Schwäche, Kropf (vergrößerte Schilddrüse), Schluckbeschwerden, Druckgefühl im Hals	Haarausfall, trockene Augen, verminderte Libido, erhöhter Blutdruck, Anfälligkeit für Infektionen

UNTERSUCHUNGS- UND DIAGNOSEMÖGLICHKEITEN

Zur Diagnose von Schilddrüsenerkrankungen stehen Ärzten verschiedene Untersuchungs- und Diagnosemöglichkeiten zur Verfügung. Ein erster und grundlegender Schritt ist das Patientengespräch, auch Anamnese genannt, bei dem die medizinische Vorgeschichte sowie aktuelle Symptome und Beschwerden erfasst werden. Dies gibt dem Arzt wichtige Hinweise auf mögliche Schilddrüsenprobleme. Ergänzt wird die Anamnese durch eine körperliche Untersuchung, bei der der Arzt die Schilddrüse abtastet, um Vergrößerungen, Knoten oder andere Unregelmäßigkeiten festzustellen. Diese erste Einschätzung ist entscheidend, um zu entscheiden, welche weiteren spezifischen Untersuchungen notwendig sind.

Zu den spezifischen Untersuchungen gehört die Bestimmung der Schilddrüsenhormonwerte im Blut. Dabei werden die Konzentrationen von Thyroxin (T4), Triiodthyronin (T3) und Thyreoidea-stimulierendem Hormon (TSH) gemessen. Abweichungen von den Normalwerten können auf eine Hypo- oder Hyperthyreose hinweisen. Ein erhöhter TSH-Wert bei gleichzeitig niedrigen T4- und T3-Werten deutet beispielsweise auf eine Hypothyreose hin. Diese Bluttests sind äußerst präzise und liefern zuverlässige Daten über die Funktionsweise der Schilddrüse. Zusätzlich können Antikörpertests durchgeführt werden, um autoimmun bedingte Schilddrüsenerkrankungen wie die Hashimoto-Thyreoiditis oder den Morbus Basedow zu identifizieren.

Darüber hinaus können bildgebende Verfahren wie die Ultraschalluntersuchung der Schilddrüse eingesetzt werden, um die Struktur und Größe der Drüse sowie das Vorhandensein von Knoten oder Zysten zu beurteilen. In einigen Fällen, insbesondere wenn der Verdacht auf Schilddrüsenkrebs besteht, kann eine Feinnadelaspirationsbiopsie erforderlich sein. Dabei wird eine dünne Nadel verwendet, um eine kleine Gewebeprobe aus der Schilddrüse zu entnehmen, die anschließend mikroskopisch untersucht wird. Diese Untersuchungsmethoden ermöglichen eine präzise Diagnose und sind entscheidend für die Wahl der richtigen Behandlungsmethode. Durch die

Kombination aus Anamnese, Bluttests, bildgebenden Verfahren und gegebenenfalls einer Biopsie können Ärzte eine umfassende Bewertung der Schilddrüsenfunktion vornehmen und eine fundierte Diagnose stellen.

WELCHE BEHANDLUNG IST MÖGLICH?

Für die Behandlung von Schilddrüsenerkrankungen stehen abhängig von der Art und Schwere der Erkrankung verschiedene Optionen zur Verfügung. Bei einer Hypothyreose, bei der die Schilddrüse zu wenig Hormone produziert, besteht die Standardtherapie in der Substitution mit Levothyroxin, einem synthetischen Schilddrüsenhormon. Dieses Medikament ersetzt das fehlende Thyroxin (T4) und hilft, die Hormonwerte zu normalisieren und die Symptome zu lindern. Die Dosierung wird individuell angepasst, basierend auf regelmäßigen Bluttests, um die TSH-Werte im Zielbereich zu halten. Es ist wichtig, dass Patienten die Anweisungen zur Medikamenteneinnahme genau befolgen, da Faktoren wie Zeitpunkt der Einnahme und Wechselwirkungen mit Nahrungsmitteln oder anderen Medikamenten die Wirksamkeit beeinflussen können.

Bei der Hyperthyreose, der Überproduktion von Schilddrüsenhormonen, zielt die Behandlung darauf ab, die Hormonproduktion zu reduzieren. Medikamente wie Thiamazol oder Propylthiouracil können eingesetzt werden, um die Hormonsynthese zu hemmen. In manchen Fällen kann eine Radiojodtherapie erforderlich sein, bei der radioaktives Jod oral verabreicht wird, um überaktive Schilddrüsenzellen selektiv zu zerstören. Diese Behandlung ist besonders bei der Behandlung des Morbus Basedow, einer Autoimmunerkrankung, die Hyperthyreose verursacht, wirksam. Eine operative Entfernung der Schilddrüse (Thyreoidektomie) kann in Betracht gezogen werden, wenn andere Behandlungen nicht erfolgreich sind oder wenn große Schilddrüsenknoten oder Krebs vorliegen. Nach einer solchen Operation benötigen Patienten in der Regel eine lebenslange Hormonersatztherapie.

Neben diesen spezifischen Behandlungen für Hypo- und Hyperthyreose können unterstützende Maßnahmen und Anpassungen des Lebensstils dazu beitragen, das Wohlbefinden zu verbessern. Eine ausgewogene Ernährung, die ausreichend Jod enthält, ist für die Schilddrüsengesundheit von Bedeutung, ebenso wie die Vermeidung von übermäßigem Stress, der die Symptome verschlimmern kann. Regelmäßige Kontrolluntersuchungen sind entscheidend, um den Verlauf der Erkrankung zu überwachen und die Behandlung bei Bedarf anzupassen. Patienten sollten sich über ihre Erkrankung informieren und aktiv an der Gestaltung ihres Behandlungsplans beteiligen, um die bestmöglichen Ergebnisse zu erzielen.

Eine gezielte Ernährungsweise ist für den Umgang mit Schilddrüsenerkrankungen, besonders bei Hashimoto-Thyreoiditis, von großer Bedeutung. Die richtige Balance an Nährstoffen kann die Schilddrüsenfunktion positiv beeinflussen und das Immunsystem stärken. Indem Lebensmittel, die reich an Selen, Zink und Omega-3-Fettsäuren sind, sowie eine angemessene Jodzufuhr in den Speiseplan integriert werden, lässt sich der Krankheitsverlauf positiv gestalten. Diese Ernährungsstrategie leitet über zu den nachfolgenden Rezepten, die speziell darauf ausgerichtet sind, den spezifischen Anforderungen von Personen mit Hashimoto-Thyreoiditis zu entsprechen. Die vorgestellten Rezepte bieten eine nährstoffreiche Grundlage für den täglichen Bedarf und zielen darauf ab, durch geschmackliche Vielfalt und ausgewählte Zutaten das allgemeine Wohlbefinden zu steigern und eine hohe Lebensqualität zu unterstützen.

Frühstück

AÇAI-BOWL MIT FRISCHEN FRÜCHTEN

2 Port. 15 Min. Einfach

Zutaten

200 g gefrorenes Açai-Püree
1 reife Banane
100 ml Mandelmilch oder Kokoswasser
1 EL Honig oder Ahornsirup (optional)
Frische Früchte zur Dekoration (z. B. Erdbeeren, Blaubeeren, Kiwi)
2 EL Granola (glutenfrei)
1 EL Kokosraspeln
1 EL Chiasamen

Nährwerte p. P.

350 kcal
50 g Kohlenhydrate
10 g Fett
8 g Eiweiß

1 Falls Sie gefrorenes Açai-Püree nicht zur Verfügung haben, können Sie Açai-Püree auch selbst herstellen. Dazu benötigen Sie gefrorene Açai-Beeren oder Açai-Pulver.

2 Wenn Sie Beeren verwenden, tauen Sie diese leicht an und pürieren Sie sie in einem Hochleistungsmixer, bis eine glatte Masse entsteht. Bei Verwendung von Açai-Pulver mischen Sie 2 EL des Pulvers mit 100 ml Wasser oder Mandelmilch, bis die Konsistenz dem fertigen Püree ähnelt. Passen Sie die Menge der Flüssigkeit an, um die gewünschte Dicke zu erreichen.

3 Nutzen Sie dieses selbst gemachte Püree als Basis für Ihre Açai-Schüssel und folgen Sie anschließend den weiteren Schritten für die Zubereitung.

4 Nehmen Sie das gefrorene Açai-Püree aus dem Gefrierfach und lassen Sie es kurz antauen.

5 Schälen Sie die Banane und schneiden Sie sie in Stücke. Geben Sie die Bananenstücke zusammen mit dem Açai-Püree in einen Mixer. Fügen Sie die Mandelmilch oder das Kokoswasser hinzu, um die Mischung zu verflüssigen. Wenn Sie möchten, können Sie auch etwas Honig oder Ahornsirup für zusätzliche Süße hinzufügen.

6 Mixen Sie alle Zutaten auf höchster Stufe, bis eine gleichmäßige cremige Masse entsteht. Sollte die Mischung zu dick sein, können Sie nach Bedarf noch etwas Flüssigkeit hinzugeben.

7 Gießen Sie das Açai-Bananen-Püree in zwei Schüsseln. Verteilen Sie die frischen Früchte Ihrer Wahl gleichmäßig auf den Schüsseln.

8 Bestreuen Sie die Açai-Schüsseln mit Granola für zusätzliche Textur und Kokosraspeln für einen exotischen Geschmack. Streuen Sie abschließend Chiasamen über die Schüsseln, um den Nährwert zu erhöhen.

KOKOS-CHIA-PUDDING

 2 Port.

 15 Min. + 4 Std. Ruhezeit

Einfach

Zutaten

40 g Chiasamen
300 ml Kokosmilch (aus der Dose, für einen cremigeren Pudding)
2 EL Ahornsirup oder Honig
1 TL Vanilleextrakt
Frisches Obst nach Wahl (z. B. Mangostücke, Ananas oder Beeren)
Optional: 1 Prise Zimt oder Kakaopulver für extra Aroma

Nährwerte p. P.

280 kcal
25 g Kohlenhydrate
15 g Fett
5 g Eiweiß

1 Geben Sie Chiasamen in eine mittelgroße Schüssel.

2 Gießen Sie die Kokosmilch darüber und stellen Sie sicher, dass die Chiasamen vollständig von der Flüssigkeit bedeckt sind.

3 Fügen Sie Ahornsirup und Vanilleextrakt hinzu. Verwenden Sie einen Schneebesen oder einen Löffel, um alle Zutaten gründlich zu vermischen. Achten Sie darauf, dass sich keine Klumpen bilden.

4 Lassen Sie die Mischung für etwa 10 Minuten stehen. Rühren Sie dann erneut um, um sicherzustellen, dass die Chiasamen gleichmäßig in der Kokosmilch verteilt sind und beginnen, zu quellen.

5 Decken Sie die Schüssel ab und stellen Sie sie für mindestens 4 Stunden, am besten über Nacht, in den Kühlschrank. Während dieser Zeit verdicken die Chiasamen die Mischung zu einem Pudding.

6 Vor dem Servieren den Chia-Pudding noch einmal umrühren. Falls der Pudding zu fest ist, können Sie etwas mehr Kokosmilch hinzufügen, um die gewünschte Konsistenz zu erreichen.

7 Teilen Sie den Pudding auf zwei Schalen auf und garnieren Sie ihn mit frischem Obst Ihrer Wahl. Für ein zusätzliches Geschmackserlebnis können Sie 1 Prise Zimt oder Kakaopulver über den fertigen Pudding streuen.

BUCHWEIZEN-CRÊPES

4 Port.

40 Min.

Mittel

Zutaten

200 g Buchweizenmehl
½ TL Salz
1 Ei
500 ml Wasser
1 EL geschmolzenes Kokosöl (plus etwas mehr zum Braten)
Füllung nach Wahl: Schinken, Käse, Spinat, Pilze, Tomaten oder Ei

Nährwerte p. P.

210 kcal
38 g Kohlenhydrate
5 g Fett
8 g Eiweiß

1 In einer großen Rührschüssel das Buchweizenmehl mit dem Salz vermischen.

2 Machen Sie eine Mulde in der Mitte des Mehls und schlagen Sie das Ei hinein. Beginnen Sie, mit einem Schneebesen das Ei unter das Mehl zu rühren, während Sie nach und nach das Wasser hinzufügen. Ziel ist es, einen glatten, flüssigen Teig zu erhalten.

3 Rühren Sie das geschmolzene Kokosöl unter den Teig und lassen Sie ihn dann für etwa 30 Minuten ruhen, damit das Mehl das Wasser vollständig aufnehmen kann und der Teig die richtige Konsistenz erhält.

4 Erhitzen Sie eine beschichtete Pfanne bei mittlerer Hitze und geben Sie ein wenig Kokosöl hinein, um die Oberfläche leicht einzufetten.

5 Gießen Sie eine Schöpfkelle des Teigs in die Mitte der Pfanne und neigen Sie die Pfanne in kreisenden Bewegungen, um den Teig dünn und gleichmäßig zu verteilen.

6 Braten Sie die Galette, bis die Ränder anfangen, sich leicht zu lösen und die Unterseite goldbraun ist, dies dauert etwa 2 bis 3 Minuten. Dann wenden Sie die Galette vorsichtig mit einem breiten Pfannenwender und braten die andere Seite.

7 Belegen Sie die Galette mit Ihrer gewählten Füllung auf einer Hälfte, lassen Sie dabei einen Rand frei. Falten Sie die Galette zur Hälfte oder rollen Sie sie auf, je nach Füllung und persönlicher Vorliebe.

8 Wiederholen Sie den Vorgang mit dem restlichen Teig und den gewünschten Füllungen. Servieren Sie die Galetten garniert mit frischen Kräutern oder einer kleinen Salatbeilage für ein vollständiges Gericht.

SPANISCHES OMELETT OHNE KARTOFFELN

4 Port.

25 Min.

Einfach

Zutaten

6 große Eier
1 mittelgroße Zucchini, in dünne Scheiben geschnitten
1 rote Paprika, in Würfel geschnitten
1 kleine Zwiebel, fein gehackt
2 EL Olivenöl
Salz und frisch gemahlener schwarzer Pfeffer nach Geschmack
Optional: frische Kräuter wie Petersilie oder Schnittlauch, gehackt

Nährwerte p. P.

180 kcal
2 g Kohlenhydrate
14 g Fett
12 g Eiweiß

1 Die Eier in einer großen Schüssel aufschlagen, mit Salz und Pfeffer würzen und gut verquirlen.

2 Erhitzen Sie das Olivenöl in einer mittelgroßen, ofenfesten Pfanne bei mittlerer Hitze. Fügen Sie die gehackte Zwiebel hinzu und sautieren Sie sie, bis sie weich und glasig ist.

3 Geben Sie die Zucchinischeiben und die roten Paprikawürfel zur Zwiebel in die Pfanne. Lassen Sie das Gemüse einige Minuten anbraten, bis es weich wird, aber noch Biss hat.

4 Verteilen Sie das Gemüse gleichmäßig in der Pfanne und gießen Sie die verquirlten Eier darüber. Reduzieren Sie die Hitze auf niedrig und lassen Sie das Omelett langsam stocken, ohne umzurühren.

5 Wenn die Unterseite des Omeletts fest ist, aber die Oberseite noch leicht flüssig erscheint, stellen Sie die Pfanne unter den Grill im Ofen. Grillen Sie das Omelett, bis die Oberseite fest und leicht gebräunt ist. Dies dauert etwa 2 bis 3 Minuten, je nach Stärke Ihres Grills.

6 Nehmen Sie die Pfanne vorsichtig aus dem Ofen (Achtung, der Griff ist heiß) und lassen Sie das Omelett ein paar Minuten abkühlen.

7 Stürzen Sie das Omelett auf einen großen Teller und schneiden Sie es in Portionen. Garnieren Sie es optional mit frischen Kräutern.

GRÜNER SMOOTHIE

2 Port.

10 Min.

Sehr Einfach

Zutaten

1 reife Banane
1 Handvoll frischer Spinat
½ reife Avocado
250 ml ungesüßte Mandelmilch
1 EL Leinsamen
1 kleiner Apfel, entkernt und grob geschnitten
Optional: 1 TL Spirulina-Pulver für zusätzliche Nährstoffe

Nährwerte p. P.

150 kcal
30 g Kohlenhydrate
1 g Fett
4 g Eiweiß

1 Bereiten Sie alle Zutaten vor: Schälen Sie die Banane und die Avocado und entfernen Sie den Kern der Avocado. Waschen Sie den Spinat gründlich und schneiden Sie den Apfel in grobe Stücke.

2 Geben Sie die Banane, den Spinat, die Avocado, den Apfel und die Leinsamen in den Behälter eines Hochleistungsmixers.

3 Fügen Sie die Mandelmilch hinzu. Für einen nährstoffreichen Boost können Sie optional Spirulina-Pulver beigeben.

4 Mixen Sie alle Zutaten auf höchster Stufe, bis eine gleichmäßig glatte Konsistenz erreicht ist. Sollte der Smoothie zu dick sein, können Sie nach Bedarf etwas mehr Mandelmilch hinzufügen.

5 Probieren Sie den Smoothie und passen Sie die Süße gegebenenfalls mit einem weiteren Löffel Honig oder Ahornsirup an.

QUINOA-PORRIDGE

 2 Port.  25 Min.  Einfach

Zutaten

100 g Quinoa
500 ml Mandelmilch oder eine andere Pflanzenmilch nach Wahl
1 reife Banane, in Scheiben geschnitten
½ TL Zimt
1 Prise Salz
2 EL Ahornsirup oder Honig
Optional: frische Beeren, Nüsse und Samen zur Garnierung

Nährwerte p. P.

320 kcal
55 g Kohlenhydrate
6 g Fett
12 g Eiweiß

1 Nutzen Sie ein feinmaschiges Sieb, um die Quinoa gründlich unter fließendem Wasser zu spülen. Dieser wichtige Schritt entfernt die Saponine, die der Quinoa eine bittere Note verleihen können.

2 Kombinieren Sie die vorbereitete Quinoa in einem mittelgroßen Kochtopf mit der Mandelmilch. Fügen Sie 1 Prise Salz und den Zimt hinzu, um den Porridge mit einer warmen Geschmacksnote zu versehen. Stellen Sie den Topf auf den Herd und bringen Sie die Mischung bei mittlerer Hitze zum Kochen.

3 Sobald die Flüssigkeit kocht, reduzieren Sie die Hitze auf ein Minimum. Lassen Sie den Porridge sanft köcheln, rühren Sie gelegentlich um, damit nichts am Boden anhaftet. Der Kochprozess dauert etwa 15 bis 20 Minuten. Die Quinoa sollte weich sein und die meiste Flüssigkeit aufgesogen haben, was eine cremige Konsistenz ergibt.

4 Nachdem die Quinoa vollständig gegart ist, nehmen Sie den Topf vom Herd. Süßen Sie den Porridge mit Ahornsirup oder Honig, je nach Ihrer Vorliebe. Verteilen Sie die Bananenscheiben darauf, um eine natürliche Süße und eine weiche Textur hinzuzufügen.

5 Richten Sie den fertigen Porridge in zwei Schüsseln an. Wenn Sie möchten, können Sie den Porridge nun mit einer Vielzahl von Toppings wie frischen Beeren, gehackten Nüssen oder Samen verfeinern.

GLUTENFREIES KOKOS-GRANOLA

6 Port.

30 Min.

Einfach

Zutaten

200 g glutenfreie Haferflocken
50 g Kokosraspeln
50 g gehackte Mandeln
25 g Sonnenblumenkerne
2 EL Chiasamen
½ TL Zimt
1 Prise Salz
4 EL Kokosöl, geschmolzen
3 EL Ahornsirup

Nährwerte p. P.

230 kcal
25 g Kohlenhydrate
14 g Fett
6 g Eiweiß

1 Heizen Sie Ihren Ofen auf 160 °C (Umluft) vor und legen Sie ein Backblech mit Backpapier aus.

2 Vermischen Sie die glutenfreien Haferflocken mit den Kokosraspeln, gehackten Mandeln, Sonnenblumenkernen und Chiasamen. Streuen Sie den Zimt und 1 Prise Salz darüber, um die Aromen zu intensivieren und eine leichte Würze hinzuzufügen.

3 Schmelzen Sie das Kokosöl in einem kleinen Topf bei niedriger Hitze. Nehmen Sie den Topf vom Herd und rühren Sie den Ahornsirup ein. Diese Mischung dient als Bindemittel und Süßungsmittel für das Granola und verleiht ihm einen subtilen Kokosgeschmack.

4 Gießen Sie die flüssige Kokosöl-Ahornsirup-Mischung über die trockenen Zutaten in der Schüssel. Verwenden Sie einen Löffel oder Spatel, um sicherzustellen, dass alle trockenen Zutaten gleichmäßig mit der Mischung überzogen sind.

5 Verteilen Sie die Granola-Mischung gleichmäßig auf dem vorbereiteten Backblech. Achten Sie darauf, dass die Schicht nicht zu dick ist, damit das Granola gleichmäßig backen und knusprig werden kann.

6 Backen Sie das Granola im vorgeheizten Ofen für etwa 20 Minuten oder bis es goldbraun und knusprig ist. Es ist wichtig, das Granola während des Backens einmal vorsichtig umzurühren, um eine gleichmäßige Bräunung zu gewährleisten.

7 Nehmen Sie das Granola aus dem Ofen und lassen Sie es vollständig abkühlen. Während des Abkühlens wird das Granola weiter aushärten und seine charakteristische Knusprigkeit entwickeln.

8 Servieren Sie das glutenfreie Kokos-Granola über Joghurt, mit Milch oder einfach als knackigen Snack zwischendurch.

HIRSEBREI MIT ÄPFELN

 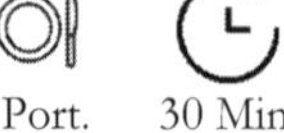 

2 Port. 30 Min. Einfach

Zutaten

100 g Hirse
500 ml Wasser oder Mandelmilch für mehr Cremigkeit
2 mittelgroße Äpfel, geschält, entkernt und in kleine Würfel geschnitten
½ TL Zimt
1 Prise Muskatnuss
2 EL Rosinen (optional)
1 EL Honig oder Ahornsirup zum Süßen

Nährwerte p. P.

290 kcal
55 g Kohlenhydrate
3 g Fett
6 g Eiweiß

1 Verwenden Sie ein feines Sieb, um die Hirse unter fließendem Wasser abzuspülen. Dieser Schritt ist wichtig, um eventuelle Unreinheiten zu entfernen und die Hirse für das Kochen vorzubereiten.

2 Bringen Sie das Wasser oder die Mandelmilch in einem mittelgroßen Topf zum Kochen. Fügen Sie die gespülte Hirse hinzu und rühren Sie einmal um. Reduzieren Sie die Hitze, sodass die Mischung sanft köchelt.

3 Lassen Sie die Hirse etwa 15 Minuten leicht köcheln, bevor Sie die Apfelwürfel, den Zimt und 1 Prise Muskatnuss hinzufügen. Die Äpfel und Gewürze verleihen dem Brei ein köstliches Aroma und eine natürliche Süße.

4 Rühren Sie die Rosinen ein, falls verwendet, und lassen Sie den Brei weitere 10 bis 15 Minuten köcheln. Achten Sie darauf, gelegentlich umzurühren, um ein Anbrennen am Topfboden zu vermeiden. Die Mischung sollte eindicken und die Hirse vollständig weich sein.

5 Sobald der Brei die gewünschte Konsistenz erreicht hat, nehmen Sie den Topf vom Herd. Süßen Sie den Hirsebrei mit Honig oder Ahornsirup nach Ihrem Geschmack.

Salate

MEXIKANISCHER QUINOA-SALAT

4 Port. 30 Min. Einfach

Zutaten

200 g Quinoa
400 ml Wasser
1 rote Paprika, gewürfelt
1 Dose schwarze Bohnen, abgespült und abgetropft
2 Frühlingszwiebeln, in dünne Scheiben geschnitten
1 frische Mango, gewürfelt
1 Handvoll frischer Koriander, gehackt
Saft von 2 Limetten
2 EL Olivenöl
1 TL Kreuzkümmel
Salz und Pfeffer nach Geschmack
Optional: 1 Avocado, gewürfelt, für zusätzliche Cremigkeit

Nährwerte p. P.

350 kcal
45 g Kohlenhydrate
10 g Fett
12 g Eiweiß

1 Quinoa in einem mittelgroßen Topf mit Wasser zum Kochen bringen, dann die Hitze reduzieren und zugedeckt etwa 15 Minuten köcheln lassen, bis die Quinoa das Wasser aufgenommen hat und weich ist. Nehmen Sie den Topf vom Herd und lassen Sie die Quinoa abkühlen.

2 In einer großen Schüssel die abgekühlte Quinoa mit der roten Paprika, den schwarzen Bohnen, den Frühlingszwiebeln und der Mango vermischen. Fügen Sie den frischen Koriander hinzu und mischen Sie alle Zutaten gründlich.

3 In einer kleinen Schüssel Limettensaft, Olivenöl und Kreuzkümmel zu einem Dressing verrühren. Mit Salz und Pfeffer abschmecken.

4 Gießen Sie das Dressing über den Salat und werfen Sie alles, bis der Salat gleichmäßig überzogen ist. Für einen cremigeren Geschmack können Sie jetzt die optionalen Avocadowürfel vorsichtig unterheben.

5 Lassen Sie den Salat vor dem Servieren mindestens 15 Minuten ziehen, damit die Aromen sich entfalten können.

CAPRESE-SALAT MIT BASILIKUM-PESTO

4 Port. 20 Min. Einfach

Zutaten

4 reife Tomaten, in Scheiben geschnitten
250 g Mozzarella, in Scheiben geschnitten
2 Handvoll frisches Basilikum
50 g Pinienkerne, leicht geröstet
50 g Parmesan, frisch gerieben
2 Knoblauchzehen, grob gehackt
100 ml Olivenöl
Salz und Pfeffer nach Geschmack

Nährwerte p. P.

280 kcal
6 g Kohlenhydrate
24 g Fett
8 g Eiweiß

1 Fangen Sie mit dem Pesto an. Geben Sie Basilikum, Pinienkerne, Parmesan und Knoblauch in die Schüssel eines Küchenmixers. Mixen Sie die Zutaten auf mittlerer Stufe, während Sie langsam das Olivenöl hinzugeben, bis eine gleichmäßige und geschmeidige Pesto-Konsistenz entsteht. Schmecken Sie das Pesto mit Salz und Pfeffer ab.

2 Arrangieren Sie die Tomaten- und Mozzarellascheiben abwechselnd in einer kreisförmigen Anordnung auf einer Servierplatte. Diese traditionelle Darstellungsweise ermöglicht es jedem Bissen, die perfekte Balance zwischen der Süße der Tomaten und der Cremigkeit des Mozzarellas zu erfassen.

3 Verteilen Sie das frisch zubereitete Basilikum-Pesto großzügig über den Tomaten und dem Mozzarella. Das Pesto fügt eine reiche Geschmackstiefe und ein lebendiges Aroma hinzu, das diesen klassischen italienischen Salat auf ein neues Niveau hebt.

4 Optional können Sie den Salat mit frischen Basilikumblättern garnieren und mit einigen Tropfen zusätzlichem Olivenöl beträufeln, um die Aromen zu verstärken.

GRIECHISCHER SALAT MIT GERÖSTETEM GEMÜSE

 4 Port.

 40 Min.

 Einfach

Zutaten

2 rote Paprika, geviertelt und entkernt
2 kleine Zucchini, in Scheiben geschnitten
1 Aubergine, in Scheiben geschnitten
200 g Kirschtomaten, halbiert
1 rote Zwiebel, in dünne Ringe geschnitten
150 g Feta-Käse, zerbröckelt
100 g schwarze Oliven, entsteint
Für das Dressing:
3 EL Olivenöl
1 EL Rotweinessig
1 TL getrockneter Oregano
Salz und frisch gemahlener schwarzer Pfeffer

Nährwerte p. P.

220 kcal
18 g Kohlenhydrate
14 g Fett
6 g Eiweiß

1 Heizen Sie den Ofen auf 200 °C vor. Legen Sie das geviertelte und entkernte Gemüse (Paprika, Zucchini und Aubergine) sowie die Kirschtomaten auf ein mit Backpapier ausgelegtes Backblech. Beträufeln Sie das Gemüse mit etwas Olivenöl und würzen Sie es mit Salz und Pfeffer.

2 Rösten Sie das Gemüse im Ofen für etwa 20 bis 25 Minuten, bis es weich und leicht karamellisiert ist.

3 Während das Gemüse röstet, bereiten Sie das Dressing vor. Vermischen Sie Olivenöl, Rotweinessig, getrockneten Oregano, Salz und Pfeffer in einer kleinen Schüssel und schlagen Sie die Zutaten mit einem Schneebesen, bis sie gut kombiniert sind.

4 Nehmen Sie das geröstete Gemüse aus dem Ofen und lassen Sie es etwas abkühlen. In einer großen Salatschüssel kombinieren Sie das geröstete Gemüse mit den roten Zwiebelringen, den schwarzen Oliven und dem zerbröckelten Feta-Käse.

5 Gießen Sie das Dressing über den Salat und werfen Sie alles vorsichtig, um sicherzustellen, dass das Gemüse und der Feta gleichmäßig mit dem Dressing überzogen sind.

6 Lassen Sie den Salat vor dem Servieren kurz durchziehen, damit sich die Aromen voll entfalten können.

LACHS-SALAT MIT DILL UND ROTE BETE

 4 Port.
 45 Min.
 Mittel

Zutaten

400 g frisches Lachsfilet
300 g vorgekochte Rote Bete, in Würfel geschnitten
2 EL Olivenöl
1 Bund frischer Dill, fein gehackt
200 g gemischte Blattsalate
1 kleiner Apfel, in dünne Scheiben geschnitten
3 EL Apfelessig
2 EL Olivenöl
1 TL Senf
1 TL Honig
Salz und frisch gemahlener schwarzer Pfeffer

Nährwerte p. P.

310 kcal
20 g Kohlenhydrate
16 g Fett
22 g Eiweiß

1 Heizen Sie den Ofen auf 200 °C vor. Legen Sie das Lachsfilet auf ein mit Backpapier ausgelegtes Backblech und beträufeln Sie es mit 1 EL Olivenöl. Würzen Sie den Lachs mit Salz und Pfeffer und etwa der Hälfte des gehackten Dills. Backen Sie den Lachs im vorgeheizten Ofen für 15 bis 20 Minuten oder bis er durchgegart ist, aber noch saftig bleibt.

2 Während der Lachs gart, bereiten Sie das Dressing vor. Vermischen Sie Apfelessig, das restliche Olivenöl, Senf, Honig, Salz und Pfeffer in einer kleinen Schüssel, bis eine homogene Flüssigkeit entsteht.

3 In einer großen Salatschüssel kombinieren Sie die gemischten Blattsalate, die Rote-Bete-Würfel und die Apfelscheiben. Zerlegen Sie den gebackenen Lachs in grobe Stücke und fügen Sie ihn zu dem Salat hinzu. Streuen Sie den restlichen Dill über den Salat.

4 Gießen Sie das Dressing über den Salat und werfen Sie alles vorsichtig, um sicherzustellen, dass der Salat gleichmäßig mit dem Dressing überzogen ist.

KALE-SALAT MIT HÜHNCHEN UND AVOCADO

 4 Port.  30 Min.  Einfach

Zutaten

300 g Hühnerbrust, in Streifen geschnitten
200 g frischer Kale (Grünkohl), grob gehackt
1 reife Avocado, gewürfelt
10 Kirschtomaten, halbiert
50 g Pinienkerne, leicht geröstet
3 EL Olivenöl extra vergine
1 EL Balsamico-Essig
1 TL Honig
1 kleine Knoblauchzehe, gepresst
Salz und frisch gemahlener schwarzer Pfeffer

Nährwerte p. P.

400 kcal
12 g Kohlenhydrate
26 g Fett
30 g Eiweiß

1 Erhitzen Sie eine Pfanne bei mittlerer Hitze und geben Sie etwas Olivenöl hinzu. Braten Sie die Hühnerbruststreifen, bis sie durchgegart und leicht gebräunt sind. Würzen Sie das Fleisch während des Bratens mit Salz und Pfeffer. Legen Sie es beiseite, um es leicht abkühlen zu lassen.

2 In der Zwischenzeit bereiten Sie den Kale vor. Waschen Sie den Kale gründlich und schütteln Sie das Wasser ab. Entfernen Sie die harten Stiele und schneiden Sie die Blätter in mundgerechte Stücke. Massieren Sie den Kale mit ein wenig Olivenöl, um ihn weicher und bekömmlicher zu machen.

3 Für das Dressing kombinieren Sie Olivenöl, Balsamico-Essig, Honig und gepressten Knoblauch in einer kleinen Schüssel. Verquirlen Sie die Zutaten, bis ein homogenes Dressing entsteht. Schmecken Sie es mit Salz und Pfeffer ab.

4 Geben Sie den vorbereiteten Kale in eine große Salatschüssel. Fügen Sie die gebratenen Hühnerbruststreifen, die gewürfelte Avocado und die halbierten Kirschtomaten hinzu. Streuen Sie die gerösteten Pinienkerne über den Salat.

5 Gießen Sie das Dressing über den Salat und mischen Sie alle Zutaten behutsam, bis sie gleichmäßig mit dem Dressing überzogen sind.

INDISCHER KICHERERBSEN-SALAT

4 Port.

20 Min.

Einfach

Zutaten

400 g Kichererbsen (Dose), abgespült und abgetropft
1 große Tomate, gewürfelt
1 Gurke, gewürfelt
1 rote Zwiebel, fein gehackt
1 grüne Chili, entkernt und fein gehackt (optional)
1 Handvoll frischer Koriander, gehackt
Saft von 1 Limette
2 EL Olivenöl
1 TL Kreuzkümmelpulver
½ TL Garam Masala
Salz und frisch gemahlener schwarzer Pfeffer nach Geschmack

Nährwerte p. P.

260 kcal
40 g Kohlenhydrate
6 g Fett
12 g Eiweiß

1 Spülen Sie die Kichererbsen gründlich unter fließendem Wasser, um überschüssiges Konservierungswasser zu entfernen. Lassen Sie sie gut abtropfen, um sicherzustellen, dass Ihr Salat nicht wässrig wird.

2 In einer großen Schüssel vereinen Sie die abgetropften Kichererbsen mit den gewürfelten Tomaten, Gurken und der fein gehackten roten Zwiebel. Fügen Sie die grüne Chili hinzu, wenn Sie eine pikante Note wünschen.

3 Bereiten Sie das Dressing vor, indem Sie den Limettensaft, Olivenöl, Kreuzkümmelpulver und Garam Masala in einer kleinen Schüssel gründlich vermischen. Würzen Sie das Dressing mit Salz und Pfeffer nach Ihrem Geschmack.

4 Gießen Sie das Dressing über die Salatzutaten in der Schüssel. Fügen Sie den frisch gehackten Koriander hinzu und mischen Sie den Salat vorsichtig, bis alle Zutaten gleichmäßig mit dem Dressing überzogen sind.

5 Lassen Sie den Salat vor dem Servieren einige Minuten ziehen, damit sich die Aromen der Gewürze entfalten können.

JAPANISCHER SEETANG-SALAT MIT SESAM

4 Port.

15 Min.

Einfach

Zutaten

30 g getrockneter Wakame-Seetang
1 Karotte, in feine Streifen geschnitten
½ Gurke, in feine Streifen geschnitten
2 EL Sesamsamen, geröstet
3 EL Sojasoße
2 EL Reisessig
1 EL Sesamöl
1 TL Zucker
1 kleine Knoblauchzehe, fein gehackt
Optional: ein Stück frischer Ingwer, fein gerieben

Nährwerte p. P.

120 kcal
10 g Kohlenhydrate
7 g Fett
5 g Eiweiß

1 Weichen Sie den getrockneten Wakame-Seetang in einer Schüssel mit kaltem Wasser für etwa 5 bis 10 Minuten ein, bis er weich und voluminös wird. Achten Sie darauf, ihn danach gründlich unter fließendem Wasser zu spülen und überschüssiges Wasser auszudrücken.

2 Während der Wakame einweicht, bereiten Sie das Gemüse vor. Schneiden Sie die Karotte und die Gurke in möglichst dünne Streifen. Diese feine Schnitttechnik, bekannt als „Julienne", verleiht dem Salat eine ansprechende Textur und erleichtert das Essen.

3 Für das Dressing vermischen Sie Sojasoße, Reisessig, Sesamöl und Zucker in einer kleinen Schüssel. Fügen Sie den fein gehackten Knoblauch und optional den frisch geriebenen Ingwer hinzu, um eine frische, pikante Note zu erzielen. Rühren Sie, bis der Zucker vollständig aufgelöst ist.

4 Kombinieren Sie den eingeweichten Wakame-Seetang, die Karotten- und Gurkenstreifen in einer großen Salatschüssel. Bestreuen Sie den Salat mit den gerösteten Sesamsamen.

5 Gießen Sie das Dressing über den Salat und mischen Sie alle Zutaten, damit der Seetang und das Gemüse gleichmäßig mit dem Dressing überzogen sind.

MAROKKANISCHER KAROTTENSALAT MIT ORANGEN UND DATTELN

4 Port.

20 Min.

Einfach

Zutaten

400 g Karotten, geschält und in dünne Scheiben geschnitten
2 Orangen, geschält und in Stücke geschnitten
100 g Datteln, entsteint und grob gehackt
2 EL Olivenöl
1 EL Orangensaft
1 TL Zimt
1 Prise Salz
Einige Blätter frische Minze zur Dekoration

Nährwerte p. P.

180 kcal
35 g Kohlenhydrate
3 g Fett
2 g Eiweiß

1 Bringen Sie einen Topf mit Wasser zum Kochen und blanchieren Sie die Karottenscheiben für etwa 2 bis 3 Minuten, bis sie gerade weich sind, aber noch Biss haben. Gießen Sie das Wasser ab und lassen Sie die Karotten abkühlen.

2 In einer großen Salatschüssel kombinieren Sie die abgekühlten Karottenscheiben mit den Orangenstücken und den gehackten Datteln. Diese Kombination aus süßen und saftigen Komponenten bildet die Basis des Salats und bringt eine Fülle von Aromen und Texturen.

3 Für das Dressing mischen Sie Olivenöl, frischen Orangensaft und Zimt in einer kleinen Schüssel. Fügen Sie 1 Prise Salz hinzu, um die Süße der Früchte zu balancieren.

4 Gießen Sie das Dressing über den Salat und vermengen Sie alles sorgfältig, sodass die Zutaten gleichmäßig mit dem Dressing überzogen sind.

5 Garnieren Sie den Salat vor dem Servieren mit frischen Minzblättern. Die Minze verleiht dem Salat eine erfrischende Note und ergänzt die süß-würzigen Aromen perfekt.

Suppen

MEXIKANISCHE KÜRBISSUPPE

4 Port.

45 Min.

Einfach

Zutaten

1 kg Kürbis, geschält, entkernt und in Würfel geschnitten
1 große Zwiebel, fein gehackt
2 Knoblauchzehen, fein gehackt
1 Liter Gemüsebrühe
2 EL Olivenöl
1 TL gemahlener Kreuzkümmel
½ TL gemahlener Koriander
Saft von 1 Limette
Salz und Pfeffer nach Geschmack
Zum Garnieren: Kürbiskerne und frischer Koriander

Nährwerte p. P.

180 kcal
25 g Kohlenhydrate
7 g Fett
3 g Eiweiß

1 Erhitzen Sie das Olivenöl in einem großen Topf bei mittlerer Hitze. Fügen Sie die gehackte Zwiebel und den Knoblauch hinzu und sautieren Sie sie, bis sie weich und durchsichtig sind, ohne sie bräunen zu lassen.

2 Geben Sie die Kürbiswürfel in den Topf und rösten Sie sie leicht an, um ihre süßen Aromen freizusetzen. Streuen Sie den gemahlenen Kreuzkümmel und Koriander darüber und rühren Sie gut um, damit die Gewürze ihr Aroma entfalten können.

3 Gießen Sie die Gemüsebrühe über das Gemüse und bringen Sie die Suppe zum Kochen. Reduzieren Sie dann die Hitze, decken Sie den Topf ab und lassen Sie die Suppe etwa 30 Minuten köcheln, bis der Kürbis vollständig weich ist.

4 Pürieren Sie die Suppe mit einem Stabmixer oder in einem Standmixer, bis sie eine glatte Konsistenz hat. Rühren Sie den Limettensaft ein und schmecken Sie die Suppe mit Salz und Pfeffer ab.

5 Servieren Sie die Suppe heiß und garnieren Sie jede Portion mit einigen gerösteten Kürbiskernen und frischem Koriander für zusätzliche Textur und ein frisches Aroma.

LINSENSUPPE MIT QUINOA

4 Port.

50 Min.

Einfach

Zutaten

200 g rote Linsen
100 g Quinoa
1 große Karotte, gewürfelt
1 Stange Sellerie, fein gehackt
1 Zwiebel, fein gewürfelt
2 Knoblauchzehen, fein gehackt
1 Liter Gemüsebrühe
2 EL Olivenöl
1 TL Kurkuma
½ TL gemahlener Kreuzkümmel
Salz und frisch gemahlener schwarzer Pfeffer nach Geschmack
Zum Servieren: 1 Spritzer Zitronensaft und frischer Koriander

Nährwerte p. P.

240 kcal
35 g Kohlenhydrate
5 g Fett
12 g Eiweiß

1 Erhitzen Sie das Olivenöl in einem großen Topf bei mittlerer Hitze. Fügen Sie Zwiebel, Knoblauch, Karotte und Sellerie hinzu. Dünsten Sie das Gemüse unter gelegentlichem Rühren etwa 5 Minuten an, bis die Zwiebeln glasig sind.

2 Streuen Sie Kurkuma und Kreuzkümmel über das Gemüse und rühren Sie um, damit die Gewürze gleichmäßig verteilt sind und ihr Aroma entfalten können.

3 Geben Sie die roten Linsen und Quinoa in den Topf und rühren Sie, um sie mit dem Gemüse und den Gewürzen zu vermischen. Gießen Sie die Gemüsebrühe hinzu und erhöhen Sie die Hitze, um die Suppe zum Kochen zu bringen.

4 Sobald die Suppe kocht, reduzieren Sie die Hitze, decken Sie den Topf ab und lassen Sie die Suppe etwa 30 Minuten köcheln. Rühren Sie gelegentlich um und prüfen Sie, ob Linsen und Quinoa weich sind.

5 Schmecken Sie die Suppe mit Salz und Pfeffer ab. Verteilen Sie die Suppe auf die Teller und geben Sie kurz vor dem Servieren einen Spritzer Zitronensaft darüber. Garnieren Sie jede Portion mit frischem Koriander für einen zusätzlichen Frischekick.

TOSKANISCHE SUPPE OHNE KARTOFFELN

4 Port.

35 Min.

Mittel

Zutaten

400 g italienische Salsiccia (Wurst), in Scheiben geschnitten
1 große Zwiebel, gewürfelt
2 Knoblauchzehen, fein gehackt
1 Bund Grünkohl, grob gehackt
1 ½ Liter Hühnerbrühe
200 ml Sahne
2 EL Olivenöl
½ TL Chiliflocken (optional)
Salz und frisch gemahlener schwarzer Pfeffer nach Geschmack
Zum Servieren: geriebener Parmesan

Nährwerte p. P.

300 kcal
15 g Kohlenhydrate
20 g Fett
18 g Eiweiß

1 Erhitzen Sie das Olivenöl in einem großen Topf bei mittlerer Hitze. Braten Sie die Salsiccia-Scheiben an, bis sie rundherum gebräunt sind. Nehmen Sie die Wurst aus dem Topf und stellen Sie sie beiseite.

2 Im selben Topf sautieren Sie die Zwiebel und den Knoblauch unter gelegentlichem Rühren, bis die Zwiebel weich und transparent ist. Fügen Sie bei Bedarf ein wenig mehr Olivenöl hinzu.

3 Geben Sie den gehackten Grünkohl in den Topf und dünsten Sie ihn einige Minuten mit, bis er zu welken beginnt.

4 Gießen Sie die Hühnerbrühe hinzu und bringen Sie die Suppe zum Kochen. Reduzieren Sie die Hitze und lassen Sie die Suppe etwa 10 Minuten köcheln.

5 Fügen Sie die angebratenen Salsiccia-Scheiben wieder hinzu und köcheln Sie die Suppe weitere 10 Minuten.

6 Verrühren Sie die Sahne in der Suppe und erwärmen Sie sie, ohne sie zum Kochen zu bringen. Schmecken Sie die Suppe mit Salz, Pfeffer und optional Chiliflocken ab.

7 Servieren Sie die Suppe heiß und streuen Sie vor dem Servieren etwas geriebenen Parmesan über jede Portion.

MINESTRONE

4 Port.

50 Min.

Einfach

Zutaten

200 g glutenfreie Pasta, nach Wahl
1 mittelgroße Zucchini, gewürfelt
2 Karotten, gewürfelt
1 Stange Sellerie, fein geschnitten
1 Zwiebel, gewürfelt
2 Knoblauchzehen, fein gehackt
400 g gehackte Tomaten aus der Dose
1 Liter Gemüsebrühe
100 g grüne Bohnen, in 2 cm lange Stücke geschnitten
1 Dose Kidneybohnen, abgespült und abgetropft
2 EL Olivenöl
1 TL getrockneter Oregano
1 Lorbeerblatt
Salz und frisch gemahlener schwarzer Pfeffer nach Geschmack
Zum Garnieren: frisch geriebener Parmesan und frisches Basilikum

Nährwerte p. P.

220 kcal
30 g Kohlenhydrate
5 g Fett
8 g Eiweiß

1 Erhitzen Sie das Olivenöl in einem großen Topf über mittlerer Hitze. Fügen Sie die Zwiebeln und den Knoblauch hinzu und sautieren Sie sie, bis sie weich und duftend sind.

2 Geben Sie die Karotten, Sellerie und Zucchini in den Topf und kochen Sie sie einige Minuten mit, bis sie zu weichen beginnen.

3 Fügen Sie die gehackten Tomaten, die Gemüsebrühe, das Lorbeerblatt und den getrockneten Oregano hinzu. Bringen Sie die Suppe zum Kochen, reduzieren Sie dann die Hitze und lassen Sie sie etwa 30 Minuten lang köcheln.

4 Während die Suppe köchelt, kochen Sie die glutenfreie Pasta in einem separaten Topf nach Packungsanweisung. Spülen Sie die Pasta nach dem Kochen ab und stellen Sie sie beiseite.

5 Fügen Sie die grünen Bohnen und Kidneybohnen etwa 10 Minuten vor Ende der Kochzeit der Suppe hinzu. Lassen Sie die Suppe weiterköcheln, bis die Bohnen weich sind.

6 Entfernen Sie das Lorbeerblatt und geben Sie die vorgekochte Pasta in die Suppe. Erhitzen Sie die Minestrone für ein paar Minuten, sodass die Pasta durchwärmt.

7 Schmecken Sie die Suppe mit Salz und Pfeffer ab und passen Sie die Würze nach Bedarf an.

8 Garnieren Sie jede Portion mit frisch geriebenem Parmesan und einigen Blättern frischem Basilikum.

ZITRONEN-HÜHNERSUPPE MIT REIS

 4 Port.  60 Min.  Mittel

Zutaten

1 Hühnerbrust (ca. 500 g), ganz
1 Liter Wasser
1 Zwiebel, geviertelt
2 Lorbeerblätter
100 g Langkornreis
2 Eier
Saft von 2 großen Zitronen
Salz und frisch gemahlener schwarzer Pfeffer nach Geschmack
Frischer Dill zum Garnieren

Nährwerte p. P.

210 kcal
22 g Kohlenhydrate
6 g Fett
16 g Eiweiß

1 Geben Sie die Hühnerbrust, Wasser, Zwiebel und Lorbeerblätter in einen großen Topf. Bringen Sie das Ganze zum Kochen, reduzieren Sie dann die Hitze und lassen Sie es etwa 30 Minuten köcheln, bis das Hühnchen durchgegart ist. Entfernen Sie das Hühnchen und lassen Sie es abkühlen, bevor Sie es in kleine Stücke zupfen. Die Brühe durch ein Sieb gießen, um die festen Bestandteile zu entfernen, und beiseitestellen.

2 Bringen Sie die gesiebte Brühe erneut zum Kochen. Fügen Sie den Reis hinzu und kochen Sie ihn, bis er weich ist, etwa 15 bis 20 Minuten.

3 Während der Reis kocht, schlagen Sie die Eier in einer Schüssel auf, bis sie schaumig sind. Rühren Sie den Zitronensaft langsam ein.

4 Nehmen Sie einige Löffel der heißen Brühe und geben Sie sie langsam zu der Ei-Zitronen-Mischung, um die Eier zu temperieren. Vermeiden Sie es, die Eier direkt in die heiße Suppe zu geben, um ein Gerinnen zu verhindern.

5 Gießen Sie die Ei-Zitronen-Mischung langsam in den Topf mit der Suppe. Rühren Sie stetig bei niedriger Hitze, bis die Suppe leicht eindickt. Fügen Sie die zerkleinerte Hühnerbrust hinzu und erhitzen Sie alles, bis es durchgewärmt ist. Achten Sie darauf, dass die Suppe nicht kocht, um zu verhindern, dass die Eier stocken.

6 Schmecken Sie die Suppe mit Salz und Pfeffer ab und garnieren Sie jede Portion mit frischem Dill.

THAILÄNDISCHE KOKOS-HÜHNERSUPPE

4 Port.

40 Min.

Mittel

Zutaten

400 ml Kokosmilch
400 ml Hühnerbrühe
500 g Hühnerbrust, in Streifen geschnitten
1 Stängel Zitronengras, in 5 cm lange Stücke geschnitten und leicht zerquetscht
3 Kaffir-Limettenblätter, zerrissen
1 Stück Galgant (ca. 5 cm), in Scheiben geschnitten
2 Schalotten, grob gehackt
2 kleine rote Chilis, entkernt und in feine Ringe geschnitten (optional)
Saft von 2 Limetten
1 EL Fischsoße
1 TL Zucker
Frischer Koriander zum Garnieren

Nährwerte p. P.

290 kcal
8 g Kohlenhydrate
20 g Fett
20 g Eiweiß

1 Kombinieren Sie Kokosmilch, Hühnerbrühe, Zitronengras, Kaffir-Limettenblätter, Galgant und Schalotten in einem großen Topf. Bringen Sie die Mischung bei mittlerer Hitze zum Kochen, dann reduzieren Sie die Hitze und lassen alles etwa 10 Minuten köcheln, um die Aromen zu entfalten.

2 Fügen Sie die Hühnerbruststreifen hinzu und kochen Sie sie bei niedriger Hitze in der Suppe, bis sie vollständig durchgegart sind, etwa 15 bis 20 Minuten.

3 Entfernen Sie die Zitronengrasstücke, Galgantscheiben und Kaffir-Limettenblätter mit einer Zange oder einem Sieb aus der Suppe.

4 Schmecken Sie die Suppe mit Limettensaft, Fischsoße und Zucker ab. Die Suppe sollte eine harmonische Balance zwischen säuerlich, salzig und süß aufweisen.

5 Fügen Sie die roten Chiliringe hinzu, falls verwendet, und lassen Sie die Suppe weitere 2 bis 3 Minuten köcheln.

6 Servieren Sie die Suppe heiß und garnieren Sie jede Portion mit frischem Koriander.

HÜHNERSUPPE MIT BLUMENKOHLREIS

4 Port.

45 Min.

Einfach

Zutaten

500 g Hühnerbrust, gewürfelt
1 mittelgroßer Blumenkohl, in Röschen zerlegt und zu „Reis" verarbeitet
1 Liter Hühnerbrühe
2 Karotten, gewürfelt
2 Stangen Sellerie, fein geschnitten
1 Zwiebel, gewürfelt
2 Knoblauchzehen, fein gehackt
2 EL Olivenöl
Salz und frisch gemahlener schwarzer Pfeffer nach Geschmack
Zum Garnieren: frische Petersilie, gehackt

Nährwerte p. P.

250 kcal
10 g Kohlenhydrate
8 g Fett
30 g Eiweiß

1 Erhitzen Sie das Olivenöl in einem großen Topf auf mittlerer Stufe. Fügen Sie die Zwiebel und den Knoblauch hinzu und dünsten Sie sie, bis sie glasig sind.

2 Geben Sie die gewürfelte Hühnerbrust in den Topf und braten Sie sie unter gelegentlichem Rühren an, bis die Würfel rundum leicht gebräunt sind.

3 Fügen Sie die Karotten und den Sellerie hinzu, rühren Sie um und lassen Sie das Gemüse einige Minuten anschwitzen.

4 Gießen Sie die Hühnerbrühe dazu, erhöhen Sie die Hitze und bringen Sie die Suppe zum Kochen. Reduzieren Sie danach die Hitze, decken Sie den Topf ab und lassen Sie die Suppe etwa 20 Minuten köcheln.

5 Integrieren Sie den Blumenkohlreis in die Suppe, würzen Sie mit Salz und Pfeffer und lassen Sie alles weitere 10 Minuten köcheln, bis der Blumenkohl weich ist.

6 Überprüfen Sie den Geschmack und passen Sie die Würze bei Bedarf an.

7 Servieren Sie die Suppe und streuen Sie frische Petersilie als Garnitur darüber.

MISO-SUPPE MIT WAKAME

4 Port. 20 Min. Einfach

Zutaten

4 EL Miso-Paste (vorzugsweise eine Mischung aus weißer und roter Miso-Paste)
800 ml Dashi-Brühe
1 Handvoll Wakame-Algen, eingeweicht und abgetropft
200 g Tofu, in kleine Würfel geschnitten
2 Frühlingszwiebeln, in dünne Ringe geschnitten
Optional: ein paar Tropfen Sesamöl für zusätzliches Aroma

Nährwerte p. P.

70 kcal
6 g Kohlenhydrate
2 g Fett
4 g Eiweiß

1 Erwärmen Sie die Dashi-Brühe in einem mittelgroßen Topf bei mittlerer Hitze, bis sie kurz vor dem Siedepunkt steht. Achten Sie darauf, dass die Brühe nicht kocht, um die feinen Aromen der Dashi-Brühe zu bewahren.

2 Nehmen Sie eine kleine Menge der heißen Brühe und lösen Sie darin die Miso-Paste in einer separaten Schüssel auf. Diese Technik verhindert Klumpenbildung und gewährleistet eine gleichmäßige Verteilung der Miso-Paste in der Suppe.

3 Geben Sie die aufgelöste Miso-Paste zurück in den Topf mit der restlichen Dashi-Brühe und rühren Sie um.

4 Fügen Sie die eingeweichten Wakame-Algen und Tofuwürfel hinzu und erhitzen Sie die Suppe, bis sie wieder kurz vor dem Siedepunkt steht.

5 Schalten Sie die Hitze aus, bevor die Suppe zu kochen beginnt, um die probiotischen Eigenschaften des Misos zu erhalten.

6 Verfeinern Sie die Suppe mit einigen Tropfen Sesamöl, falls verwendet, und verteilen Sie die Frühlingszwiebelringe als Garnierung in den Schüsseln.

Brote

MANDELBROT

8 Port.

60 Min.

Mittel

Zutaten

200 g gemahlene Mandeln
3 Eier, getrennt
100 g Erythrit oder ein anderes für Hashimoto geeignetes Süßungsmittel
1 TL Backpulver
1 Prise Salz
Abrieb von 1 Bio-Zitrone
1 TL Apfelessig (um das Eiweiß zu stabilisieren)
Optional: einige Tropfen Mandel- oder Vanilleextrakt für zusätzliches Aroma

Nährwerte p. P.

230 kcal
10 g Kohlenhydrate
18 g Fett
8 g Eiweiß

1 Heizen Sie den Ofen auf 180 °C (Ober-/Unterhitze) vor und fetten Sie eine Brotbackform leicht ein oder legen Sie sie mit Backpapier aus.

2 In einer Schüssel die gemahlenen Mandeln mit dem Backpulver, dem Zitronenabrieb und einer Prise Salz vermengen.

3 In einer separaten Schüssel das Eiweiß mit dem Apfelessig steif schlagen, bis feste Spitzen entstehen. Fügen Sie nach und nach die Hälfte des Süßungsmittels hinzu, bis die Masse glänzend und steif ist.

4 In einer dritten Schüssel die Eigelbe mit dem restlichen Süßungsmittel schaumig schlagen, bis die Mischung blass und cremig ist. Fügen Sie optional Mandel- oder Vanilleextrakt hinzu, um das Aroma zu verstärken.

5 Heben Sie vorsichtig die Eigelbmasse unter die Eiweißmasse, bis gerade eben vermengt. Anschließend die trockenen Zutaten in zwei Schritten unterheben, um eine gleichmäßige, luftige Teigmasse zu erhalten.

6 Gießen Sie den Teig in die vorbereitete Form und glätten Sie die Oberfläche mit einem Spatel.

7 Backen Sie das Mandelbrot im vorgeheizten Ofen für etwa 40 bis 45 Minuten oder bis ein in die Mitte gesteckter Zahnstocher sauber herauskommt.

BUCHWEIZENBROT

8 Port.

70 Min.

Mittel

Zutaten

300 g Buchweizenmehl
200 g glutenfreies Allzweckmehl
1 Päckchen Trockenhefe (7 g)
1 TL Salz
500 ml warmes Wasser
2 EL Olivenöl
1 EL Apfelessig
Optional: 2 EL Leinsamen oder Sonnenblumenkerne für zusätzliche Textur

Nährwerte p. P.

210 kcal
35 g Kohlenhydrate
4 g Fett
8 g Eiweiß

1 Heizen Sie Ihren Ofen auf 200 °C (Ober-/Unterhitze) vor und bereiten Sie eine Brotbackform vor, indem Sie sie leicht einfetten oder mit Backpapier auslegen.

2 In einer großen Schüssel das Buchweizenmehl mit dem glutenfreien Allzweckmehl vermischen. Fügen Sie die Trockenhefe und das Salz hinzu und vermengen Sie alles gründlich.

3 Mischen Sie das warme Wasser, das Olivenöl und den Apfelessig in einer separaten Schüssel, bevor Sie diese Flüssigkeit zu den trockenen Zutaten geben. Verwenden Sie einen Holzlöffel, um die Zutaten zu einem gleichmäßigen Teig zu verarbeiten. Falls gewünscht, können jetzt die optionalen Leinsamen oder Sonnenblumenkerne eingearbeitet werden.

4 Gießen Sie den Teig in die vorbereitete Form. Mit einem feuchten Tuch abdecken und an einem warmen Ort etwa 30 Minuten gehen lassen, bis der Teig sichtbar aufgegangen ist.

5 Backen Sie das Brot im vorgeheizten Ofen für etwa 40 Minuten oder bis die Oberfläche goldbraun ist und das Brot hohl klingt, wenn man daraufklopft.

QUINOA-CHAPATI

8 Port. 30 Min. Einfach

Zutaten

200 g Quinoamehl
½ TL Salz
150 ml warmes Wasser
1 EL Olivenöl, plus zusätzliches zum Bestreichen

Nährwerte p. P.

150 kcal
20 g Kohlenhydrate
5 g Fett
4 g Eiweiß

1 In einer großen Schüssel Quinoamehl mit Salz vermischen. Machen Sie eine Mulde in der Mitte und gießen Sie das warme Wasser und das Olivenöl hinein.

2 Verwenden Sie Ihre Hände, um die Zutaten zu einem geschmeidigen Teig zu verkneten. Falls der Teig zu trocken erscheint, fügen Sie schrittweise ein wenig mehr Wasser hinzu, bis die gewünschte Konsistenz erreicht ist.

3 Teilen Sie den Teig in 8 gleich große Portionen und formen Sie jede zu einer Kugel. Auf einer leicht bemehlten Arbeitsfläche jede Kugel zu einem dünnen Kreis ausrollen, so dünn wie möglich.

4 Erhitzen Sie eine Pfanne oder einen flachen Grill bei mittlerer Hitze. Legen Sie ein Chapati hinein und kochen Sie es, bis die Oberfläche Blasen wirft und die Unterseite goldbraune Flecken aufweist, etwa 1 bis 2 Minuten. Wenden Sie das Chapati und kochen Sie die andere Seite auf gleiche Weise.

5 Bestreichen Sie das fertige Chapati leicht mit Olivenöl und halten Sie es warm, während Sie die restlichen Chapatis kochen.

6 Servieren Sie die Quinoa-Chapatis warm als Beilage zu Ihrem Lieblingscurry oder als Teil einer Mahlzeit.

FOCACCIA

8 Port. | 1 Std., 20 Min. inkl. Gehzeit | Mittel

Zutaten

250 g glutenfreies Mehl (Brotmischung)
1 Päckchen Trockenhefe (7 g)
1 TL Zucker
1 TL Salz
240 ml warmes Wasser
3 EL Olivenöl, plus extra zum Beträufeln
2 TL getrockneter Rosmarin
1 TL grobes Meersalz
Optional: Oliven, in Scheiben geschnitten, und getrocknete Tomaten für den Belag

Nährwerte p. P.

260 kcal
35 g Kohlenhydrate
12 g Fett
5 g Eiweiß

1 In einer großen Schüssel das glutenfreie Mehl mit Trockenhefe, Zucker und 1 TL Salz vermischen. Fügen Sie das warme Wasser und 2 EL Olivenöl hinzu und vermengen Sie alles zu einem gleichmäßigen Teig. Sollte der Teig zu klebrig sein, können Sie etwas mehr Mehl hinzufügen.

2 Den Teig abdecken und an einem warmen Ort etwa 30 Minuten gehen lassen, bis er sich sichtbar vergrößert hat.

3 Heizen Sie den Ofen auf 200 °C (Ober-/Unterhitze) vor und bereiten Sie ein Backblech mit Backpapier vor.

4 Breiten Sie den gegangenen Teig auf dem Backblech aus und formen Sie mit den Fingern kleine Vertiefungen auf der Oberfläche. Dies gibt der Focaccia ihre charakteristische Textur.

5 Beträufeln Sie die Oberfläche der Focaccia mit dem restlichen Olivenöl und streuen Sie den getrockneten Rosmarin und das grobe Meersalz darüber. Falls verwendet, belegen Sie die Focaccia zusätzlich mit Oliven und getrockneten Tomaten.

6 Backen Sie die Focaccia im vorgeheizten Ofen für etwa 20 bis 25 Minuten oder bis sie goldbraun und knusprig ist.

KÜRBISBROT

10 Port.

1 Std., 10 Min.

Einfach

Zutaten

250 g Kürbispüree (aus Hokkaido- oder Butternutkürbis)
300 g glutenfreies Mehl (Brotmischung)
100 ml Mandelmilch
3 EL Olivenöl
50 g brauner Zucker oder Kokosblütenzucker
1 Päckchen Trockenhefe (7 g)
1 TL Zimt
½ TL Muskat
¼ TL Nelkenpulver
1 TL Salz
Optional: 1 Handvoll gehackte Walnüsse oder Kürbiskerne für zusätzliche Textur

Nährwerte p. P.

190 kcal
28 g Kohlenhydrate
7 g Fett
4 g Eiweiß

1 Heizen Sie den Ofen auf 180 °C (Ober-/Unterhitze) vor. Fetten Sie eine Brotbackform leicht ein oder legen Sie sie mit Backpapier aus.

2 In einer Schüssel das Kürbispüree mit der Mandelmilch, dem Olivenöl und dem Zucker gründlich vermischen.

3 In einer separaten großen Schüssel das glutenfreie Mehl mit Trockenhefe, Zimt, Muskat, Nelkenpulver und Salz vermischen.

4 Kombinieren Sie die feuchten Zutaten mit den trockenen Zutaten und rühren Sie, bis ein gleichmäßiger Teig entsteht. Falls gewünscht, fügen Sie jetzt die optionalen Walnüsse oder Kürbiskerne hinzu.

5 Füllen Sie den Teig in die vorbereitete Brotbackform und glätten Sie die Oberfläche mit einem Spatel.

6 Lassen Sie das Brot vor dem Backen etwa 20 Minuten an einem warmen Ort gehen, damit es leicht aufgeht.

7 Backen Sie das Brot 50 bis 60 Minuten im vorgeheizten Ofen oder bis ein in die Mitte gesteckter Zahnstocher sauber herauskommt.

Hauptgerichte mit Fleisch & Geflügel

GLUTENFREIER RINDER-BURGUNDER

 6 Port.
 3 Std.
 Mittel

Zutaten

1 kg Rindfleisch (Schulter oder Keule), in große Würfel geschnitten
200 g Speck, gewürfelt
500 ml Rotwein (Burgunder oder ein anderer kräftiger Rotwein)
400 ml Rinderbrühe, glutenfrei
2 EL Tomatenmark
1 große Zwiebel, gewürfelt
2 Karotten, gewürfelt
2 Knoblauchzehen, fein gehackt
1 Bouquet garni (Thymian, Lorbeer, Petersilie)
250 g kleine Schalotten, ganz gelassen
250 g Champignons, geviertelt (optional, falls verträglich)
3 EL Olivenöl (verteilt verwendet)
Salz und frisch gemahlener schwarzer Pfeffer
2 EL glutenfreies Mehl zum Eindicken

Nährwerte p. P.

350 kcal
15 g Kohlenhydrate
20 g Fett
25 g Eiweiß

1 Erhitzen Sie 1 EL Olivenöl in einem großen Schmortopf bei mittlerer Hitze. Braten Sie die Speckwürfel, bis sie knusprig sind, nehmen Sie sie dann heraus und legen Sie sie beiseite.

2 Verwenden Sie einen weiteren EL Olivenöl, um das Rindfleisch portionsweise anzubraten, bis es rundum gebräunt ist. Nehmen Sie das Fleisch heraus und stellen Sie es ebenfalls beiseite.

3 Fügen Sie bei Bedarf den letzten EL Olivenöl hinzu, um die Zwiebeln, Karotten und den Knoblauch anzudünsten, bis sie weich sind.

4 Streuen Sie das glutenfreie Mehl über das Gemüse und rühren Sie um, bis alles gleichmäßig bedeckt ist. Kochen Sie es für ein paar Minuten unter Rühren.

5 Fügen Sie das Tomatenmark, den Rotwein und die Rinderbrühe hinzu. Rühren Sie gut um, um alle Aromen zu verbinden.

6 Geben Sie das angebratene Fleisch und den Speck zurück in den Topf. Fügen Sie das Bouquet garni hinzu und würzen Sie mit Salz und Pfeffer.

7 Lassen Sie den Bœuf Bourguignon zum Kochen kommen, decken Sie ihn ab und reduzieren Sie die Hitze, sodass das Gericht für etwa 2 ½ Stunden langsam schmoren kann.

8 In den letzten 30 Minuten der Kochzeit fügen Sie die Schalotten und optional die Champignons hinzu.

9 Entfernen Sie das Bouquet garni vor dem Servieren.

HÄHNCHEN-TAJINE MIT APRIKOSEN

4 Port.

1 Std., 30 Min.

Mittel

Zutaten

4 Hähnchenkeulen
200 g getrocknete Aprikosen
2 Zwiebeln, fein geschnitten
2 Knoblauchzehen, fein gehackt
500 ml Hühnerbrühe, glutenfrei
2 EL Olivenöl
1 TL gemahlener Zimt
1 TL gemahlener Ingwer
½ TL Kurkuma
¼ TL gemahlener Kreuzkümmel
Salz und frisch gemahlener schwarzer Pfeffer
1 Handvoll frischer Koriander, gehackt
Einige Mandelblättchen zum Garnieren

Nährwerte p. P.

320 kcal
25 g Kohlenhydrate
10 g Fett
30 g Eiweiß

1 Erhitzen Sie das Olivenöl in einer Tajine oder einem schweren Schmortopf bei mittlerer Hitze. Braten Sie die Hähnchenkeulen von allen Seiten goldbraun an. Nehmen Sie das Hähnchen aus der Tajine und stellen Sie es beiseite.

2 Fügen Sie in derselben Tajine die Zwiebeln und den Knoblauch hinzu. Dünsten Sie sie, bis sie weich und leicht karamellisiert sind.

3 Geben Sie die Gewürze (Zimt, Ingwer, Kurkuma und Kreuzkümmel) hinzu und rühren Sie um, damit sich die Aromen entfalten können.

4 Legen Sie die Hähnchenkeulen zurück in die Tajine. Fügen Sie die getrockneten Aprikosen hinzu und gießen Sie die Hühnerbrühe darüber. Würzen Sie mit Salz und Pfeffer.

5 Decken Sie die Tajine ab und lassen Sie das Gericht bei niedriger Hitze etwa 1 Stunde köcheln, bis das Hähnchen zart ist und die Aromen sich voll entfaltet haben.

6 Bestreuen Sie das fertige Gericht vor dem Servieren mit frischem Koriander und Mandelblättchen.

ROGAN JOSH MIT LAMM

4 Port.

2 Std.

Mittel

Zutaten

800 g Lammfleisch, in Würfel geschnitten
2 EL Ghee oder Olivenöl
2 große Zwiebeln, fein gehackt
3 Knoblauchzehen, fein gehackt
1 Stück Ingwer (ca. 2 cm), fein gerieben
1 Dose (400 g) gehackte Tomaten
400 ml Wasser
2 EL Joghurt (laktosefrei, falls erforderlich)
1 TL gemahlener Koriander
1 TL gemahlener Kreuzkümmel
1 TL Paprikapulver
½ TL gemahlene Kurkuma
½ TL Cayennepfeffer
2 Lorbeerblätter
4 Kardamomkapseln, leicht zerdrückt
1 Zimtstange
Salz und frisch gemahlener schwarzer Pfeffer nach Geschmack
Frischer Koriander zum Garnieren

Nährwerte p. P.

360 kcal
10 g Kohlenhydrate
22 g Fett
32 g Eiweiß

1 Erhitzen Sie Ghee oder Olivenöl in einem großen Schmortopf bei mittlerer Hitze. Braten Sie die Lammwürfel portionsweise an, bis sie rundum gebräunt sind. Nehmen Sie das Fleisch aus dem Topf und stellen Sie es beiseite.

2 Im selben Topf die Zwiebeln, Knoblauch und Ingwer andünsten, bis die Zwiebeln weich und goldbraun sind.

3 Fügen Sie die Gewürzmischung hinzu und rösten Sie sie kurz mit, um die Aromen zu intensivieren.

4 Geben Sie das angebratene Lammfleisch zurück in den Topf. Fügen Sie die gehackten Tomaten und Wasser hinzu und rühren Sie um.

5 Lassen Sie das Gericht zum Kochen kommen, reduzieren Sie dann die Hitze und lassen Sie es zugedeckt bei niedriger Hitze etwa 1 ½ Stunden köcheln, bis das Fleisch zart ist.

6 Rühren Sie den Joghurt ein und lassen Sie das Rogan Josh noch 10 Minuten köcheln. Entfernen Sie die Lorbeerblätter, Kardamomkapseln und die Zimtstange.

7 Schmecken Sie das Gericht mit Salz und Pfeffer ab und servieren Sie es garniert mit frischem Koriander.

SCHWEINEFILET MIT ÄPFELN

4 Port.

1 Std.

Mittel

Zutaten

600 g Schweinefilet
2 große Äpfel, vorzugsweise säuerlich (z. B. Granny Smith), entkernt und in Spalten geschnitten
2 EL Olivenöl
150 ml Apfelwein oder Apfelsaft
1 Zwiebel, fein geschnitten
2 Knoblauchzehen, fein gehackt
1 Zweig Rosmarin
1 TL Dijon-Senf (überprüfen Sie auf Glutenfreiheit)
Salz und frisch gemahlener schwarzer Pfeffer
Optional: einige frische Thymianblätter zum Garnieren

Nährwerte p. P.

310 kcal
15 g Kohlenhydrate
12 g Fett
35 g Eiweiß

1 Heizen Sie den Ofen auf 180 °C (Ober-/Unterhitze) vor.

2 Würzen Sie das Schweinefilet rundum mit Salz und Pfeffer. Erhitzen Sie 1 EL Olivenöl in einer Pfanne auf hoher Stufe und braten Sie das Filet von allen Seiten an, bis es eine schöne Farbe annimmt. Nehmen Sie es dann aus der Pfanne und legen Sie es beiseite.

3 Reduzieren Sie die Hitze auf mittlere Stufe und geben Sie den restlichen EL Olivenöl in die Pfanne. Sautieren Sie die Zwiebel und den Knoblauch, bis sie weich und leicht gebräunt sind. Fügen Sie die Apfelspalten hinzu und lassen Sie sie einige Minuten mitgaren, bis sie beginnen, weich zu werden.

4 Legen Sie das Schweinefilet zurück in die Pfanne und fügen Sie den Apfelwein oder Apfelsaft sowie den Rosmarinzweig hinzu. Bestreichen Sie das Filet mit Dijon-Senf.

5 Geben Sie die Pfanne in den vorgeheizten Ofen und braten Sie das Filet etwa 20 bis 25 Minuten oder bis die gewünschte Garstufe erreicht ist.

6 Nehmen Sie die Pfanne aus dem Ofen und lassen Sie das Filet einige Minuten ruhen, bevor Sie es in Scheiben schneiden.

7 Servieren Sie das Schweinefilet mit den gebratenen Apfelspalten und dem Saft aus der Pfanne. Garnieren Sie das Gericht mit frischen Thymianblättern, falls gewünscht.

KOREANISCHES RINDFLEISCH BULGOGI

4 Port.

40 Min. + Marinierzeit

Einfach

Zutaten

600 g Rindfleisch (z. B. Flanksteak), in dünne Scheiben geschnitten
2 EL glutenfreie Sojasoße
1 EL Sesamöl
2 EL Birnensaft (alternativ Apfelsaft)
1 EL Kokosblütenzucker
2 Knoblauchzehen, fein gehackt
1 kleines Stück Ingwer (ca. 2 cm), fein gerieben
1 Frühlingszwiebel, in feine Ringe geschnitten
1 TL Sesamsamen
Salz und frisch gemahlener schwarzer Pfeffer
Optional: 1 kleine Karotte, in dünne Streifen geschnitten, für zusätzliche Frische

Nährwerte p. P.

280 kcal
10 g Kohlenhydrate
14 g Fett
26 g Eiweiß

1 Für die Marinade kombinieren Sie Sojasoße, Sesamöl, Birnensaft, Kokosblütenzucker, Knoblauch und Ingwer in einer großen Schüssel. Rühren Sie um, bis sich der Zucker aufgelöst hat.

2 Legen Sie die Rindfleischscheiben in die Marinade und stellen Sie sicher, dass jedes Stück gut bedeckt ist. Lassen Sie das Fleisch mindestens 30 Minuten im Kühlschrank marinieren, für ein intensiveres Aroma gerne auch über Nacht.

3 Heizen Sie eine Grillpfanne oder eine große Pfanne auf hoher Stufe vor. Entnehmen Sie das Fleisch der Marinade und grillen oder braten Sie die Scheiben in Portionen, bis sie auf jeder Seite schön gebräunt und karamellisiert sind. Dies sollte jeweils nur 1 bis 2 Minuten pro Seite dauern.

4 Würzen Sie das gegrillte Bulgogi mit Salz und Pfeffer und geben Sie es auf eine Servierplatte. Bestreuen Sie das Fleisch mit den Frühlingszwiebelringen und Sesamsamen. Fügen Sie optional Karottenstreifen hinzu, um dem Gericht einen frischen Crunch zu verleihen.

5 Servieren Sie das Beef Bulgogi idealerweise mit einer Beilage aus gedämpftem Reis und frischem Gemüse, um ein ausgewogenes Mahl zu genießen.

GRÜNES THAI-CURRY MIT HUHN

4 Port. 45 Min. Einfach

Zutaten

500 g Hühnerbrustfilet, in Streifen geschnitten
400 ml Kokosmilch
2 EL grüne Currypaste (überprüfen Sie auf Glutenfreiheit)
1 EL Kokosöl
1 Zwiebel, in dünne Spalten geschnitten
1 rote Paprika, in Streifen geschnitten
1 gelbe Paprika, in Streifen geschnitten
150 g Zuckerschoten
1 kleiner Bund Thai-Basilikum oder normales Basilikum, Blätter gezupft
1 EL Fischsoße (überprüfen Sie auf Glutenfreiheit)
1 TL Kokosblütenzucker oder ein anderes natürliches Süßungsmittel
Saft von 1 Limette
Optional: einige dünne Scheiben frischer Ingwer für zusätzliche Schärfe

Nährwerte p. P.

300 kcal
12 g Kohlenhydrate
18 g Fett
24 g Eiweiß

1 Erhitzen Sie das Kokosöl in einem Wok oder einer großen Pfanne bei mittlerer Hitze. Geben Sie die grüne Currypaste hinzu und braten Sie sie kurz an, bis sie duftet.

2 Fügen Sie die Hühnerbruststreifen hinzu und braten Sie sie an, bis sie außen weiß sind.

3 Geben Sie die Zwiebelspalten, rote und gelbe Paprikastreifen sowie die Zuckerschoten hinzu. Braten Sie das Gemüse einige Minuten mit, bis es leicht weich wird, aber noch Biss hat.

4 Gießen Sie die Kokosmilch darüber und lassen Sie alles aufkochen. Reduzieren Sie dann die Hitze und lassen Sie das Curry etwa 20 Minuten köcheln, bis das Hühnchen vollständig gar ist und das Gemüse zart.

5 Würzen Sie das Curry mit Fischsoße, Kokosblütenzucker und Limettensaft. Passen Sie die Würze nach Ihrem Geschmack an.

6 Nehmen Sie den Wok vom Herd und rühren Sie die frischen Basilikumblätter unter das Curry. Fügen Sie optional einige Scheiben frischen Ingwer hinzu, falls Sie eine zusätzliche Schärfe bevorzugen.

7 Servieren Sie das grüne Thai-Curry mit einer Beilage aus gedämpftem Reis oder einer anderen glutenfreien Alternative, um eine ausgewogene Mahlzeit zu schaffen.

GEGRILLTES STEAK MIT QUINOA

 4 Port.  50 Min. Mittel

Zutaten

4 Rindersteaks (je ca. 150 g)
200 g Quinoa, gründlich gespült
400 ml Wasser
2 EL Olivenöl
Saft von 2 Limetten
2 Knoblauchzehen, fein gehackt
1 TL gemahlener Kreuzkümmel
1 TL Paprikapulver
Salz und frisch gemahlener schwarzer Pfeffer
1 rote Paprika, gewürfelt
1 Gurke, gewürfelt
1 kleine rote Zwiebel, fein geschnitten
Frischer Koriander, nach Geschmack
Saft von 1 Limette
Salz und Pfeffer

Nährwerte p. P.

350 kcal
30 g Kohlenhydrate
12 g Fett
35 g Eiweiß

1 In einer Schüssel Limettensaft, Olivenöl, Knoblauch, Kreuzkümmel, Paprikapulver, Salz und Pfeffer vermengen. Die Rindersteaks in die Marinade legen und sicherstellen, dass sie vollständig bedeckt sind. Lassen Sie die Steaks mindestens 30 Minuten im Kühlschrank marinieren.

2 Die Quinoa in einem mittelgroßen Topf mit 400 ml Wasser zum Kochen bringen. Die Hitze reduzieren und die Quinoa zugedeckt etwa 15 Minuten köcheln lassen, bis das Wasser vollständig aufgenommen ist. Vom Herd nehmen und einige Minuten ruhen lassen, dann mit einer Gabel auflockern.

3 Während die Quinoa kocht, den Grill vorheizen. Die marinierten Steaks aus dem Kühlschrank nehmen und bei mittlerer Hitze von jeder Seite 3 bis 4 Minuten grillen, je nach gewünschtem Gargrad.

4 Für den Salat rote Paprika, Gurke, rote Zwiebel und frischen Koriander in einer großen Schüssel vermischen. Mit Limettensaft, Salz und Pfeffer abschmecken.

5 Die gegrillten Steaks in Scheiben schneiden und auf einem Bett aus Quinoa servieren. Den frischen Salat als Beilage hinzufügen.

LAMM-KOFTA-KEBAB

4 Port. 40 Min. Einfach

Zutaten

500 g Lammhackfleisch
1 mittelgroße Zwiebel, sehr fein gewürfelt
2 Knoblauchzehen, fein gehackt
2 EL frische Petersilie, fein gehackt
1 TL gemahlener Kreuzkümmel
½ TL gemahlener Koriander
¼ TL gemahlener Zimt
¼ TL Cayennepfeffer
Salz und frisch gemahlener schwarzer Pfeffer
1 EL Olivenöl, plus zusätzliches zum Bestreichen
Optional: frischer Koriander oder Minze zum Garnieren

Nährwerte p. P.

290 kcal
8 g Kohlenhydrate
18 g Fett
26 g Eiweiß

1 In einer großen Schüssel Lammhackfleisch mit Zwiebel, Knoblauch, Petersilie, Kreuzkümmel, Koriander, Zimt, Cayennepfeffer, Salz und Pfeffer gründlich vermischen.

2 Fügen Sie 1 EL Olivenöl hinzu, um die Mischung geschmeidiger zu machen, und kneten Sie alles gut durch, bis die Gewürze gleichmäßig verteilt sind.

3 Verteilen Sie die Fleischmischung gleichmäßig in 8 Portionen. Wickeln Sie jede Portion fest um ein eingeweichtes Holzspießende, formen Sie sie zu länglichen Kebabs. Achten Sie darauf, dass das Fleisch gleichmäßig um den Spieß liegt und gut haftet.

4 Heizen Sie einen Grill oder eine Grillpfanne bei mittlerer bis hoher Hitze vor und bestreichen Sie die Kofta-Kebabs leicht mit Olivenöl.

5 Grillen Sie die Kebabs unter gelegentlichem Wenden etwa 10 bis 12 Minuten lang, bis sie rundum schön gebräunt und durchgegart sind.

6 Nehmen Sie die Kofta-Kebabs vom Grill und lassen Sie sie kurz ruhen.

7 Servieren Sie die Kofta-Kebabs heiß, garniert mit frischem Koriander oder Minze, je nach Geschmack.

Hauptgerichte mit Fisch & Meeresfrüchten

GEBACKENER LACHS MIT KRÄUTERN

4 Port.

25 Min.

Einfach

Zutaten

4 Lachsfilets (je etwa 150 g)
2 EL Olivenöl
Saft von 1 Zitrone
2 Knoblauchzehen, fein gehackt
1 Bund frische Kräuter (z. B. Dill, Petersilie, Thymian), fein gehackt
Salz und frisch gemahlener schwarzer Pfeffer
Zitronenscheiben und zusätzliche Kräuter zum Garnieren

Nährwerte p. P.

320 kcal
0 g Kohlenhydrate
20 g Fett
34 g Eiweiß

1 Den Ofen auf 200 °C (Ober-/Unterhitze) vorheizen und ein Backblech mit Backpapier auslegen.

2 Die Lachsfilets abspülen, trocken tupfen und auf das vorbereitete Backblech legen.

3 In einer kleinen Schüssel Olivenöl, Zitronensaft, gehackten Knoblauch und gehackte Kräuter vermischen. Mit Salz und Pfeffer würzen.

4 Die Kräuter-Zitronen-Mischung gleichmäßig über den Lachsfilets verteilen, sodass jedes Filet gut bedeckt ist.

5 Die Lachsfilets im vorgeheizten Ofen etwa 15 bis 20 Minuten backen oder bis der Lachs leicht gebräunt und durchgegart ist.

6 Die gebackenen Lachsfilets mit Zitronenscheiben und frischen Kräutern garnieren und sofort servieren.

GARNELEN-CEVICHE

4 Port. | 35 Min. + Kühlzeit | Einfach

Zutaten

500 g rohe Garnelen, geschält und entdarmt
Saft von 6 Limetten
1 rote Zwiebel, fein gehackt
2 Tomaten, entkernt und gewürfelt
1 grüne Chili, entkernt und fein gehackt
1 Bund frischer Koriander, gehackt
1 Avocado, gewürfelt
Salz und frisch gemahlener schwarzer Pfeffer
Optional: dünne Scheiben von rotem Rettich zur Garnierung

Nährwerte p. P.

180 kcal
5 g Kohlenhydrate
3 g Fett
30 g Eiweiß

1 Die Garnelen in eine mittelgroße Schüssel geben und mit dem Limettensaft übergießen, sodass alle Garnelen bedeckt sind. Im Kühlschrank mindestens 30 Minuten marinieren lassen, damit die Säure der Limetten die Garnelen „kocht".

2 Nach der Marinierzeit die rote Zwiebel, Tomaten, grüne Chili und den Koriander zu den Garnelen hinzufügen. Gut umrühren, um alle Zutaten zu vermischen.

3 Die Avocadowürfel vorsichtig unterheben und das Ceviche mit Salz und Pfeffer abschmecken.

4 Das Ceviche in Schalen oder tiefe Teller verteilen und, falls gewünscht, mit dünnen Scheiben von rotem Rettich garnieren.

5 Vor dem Servieren das Ceviche nochmals kurz im Kühlschrank kühlen, um es gut gekühlt zu genießen.

THAILÄNDISCHES FISCHCURRY

4 Port.

45 Min.

Mittel

Zutaten

600 g festes Weißfischfilet (z. B. Kabeljau, Seelachs), in große Würfel geschnitten
400 ml Kokosmilch
2 EL grüne Thai-Currypaste (überprüfen Sie die Zutaten auf Glutenfreiheit)
1 EL Kokosöl
1 rote Paprika, in Streifen geschnitten
1 gelbe Paprika, in Streifen geschnitten
1 kleine Zucchini, in Halbmonde geschnitten
150 g Babyspinat
1 Zwiebel, fein geschnitten
2 Knoblauchzehen, fein gehackt
1 Stück frischer Ingwer (ca. 2 cm), fein gerieben
Saft von 1 Limette
1 EL Fischsoße (überprüfen Sie auf Glutenfreiheit)
1 TL Palmzucker oder ein anderes natürliches Süßungsmittel
Frischer Koriander zum Garnieren
Optional: ein paar dünne Scheiben rote Chili für zusätzliche Schärfe

1 Erhitzen Sie das Kokosöl in einem tiefen Topf oder einer Pfanne bei mittlerer Hitze. Fügen Sie die Zwiebel, den Knoblauch und den Ingwer hinzu und sautieren Sie alles, bis die Zwiebel weich und transparent wird.

2 Geben Sie die grüne Currypaste hinzu und rühren Sie sie unter, bis sie sich gut mit den Zwiebeln vermischt hat und anfängt zu duften.

3 Fügen Sie die Kokosmilch, Fischsoße, Limettensaft und Palmzucker hinzu. Rühren Sie um und lassen Sie die Soße ein paar Minuten sanft köcheln.

4 Geben Sie die Paprikastreifen und Zucchinischeiben in die Soße und lassen Sie das Gemüse etwa 5 Minuten köcheln, bis es leicht weich wird, aber noch Biss hat.

5 Legen Sie die Fischwürfel vorsichtig in die köchelnde Soße. Decken Sie den Topf ab und lassen Sie den Fisch etwa 10 bis 15 Minuten garen, bis er durchgegart ist und leicht zerfällt.

6 In den letzten Minuten der Garzeit fügen Sie den Babyspinat hinzu und rühren ihn unter, bis er welk ist.

Nährwerte p. P.

270 kcal
15 g Kohlenhydrate
10 g Fett
28 g Eiweiß

7 Schmecken Sie das Curry ab und passen Sie die Würze mit zusätzlicher Fischsoße, Limettensaft oder Palmzucker nach Bedarf an.

8 Servieren Sie das thailändische Fischcurry garniert mit frischem Koriander und optional einigen Scheiben roter Chili für einen zusätzlichen Schärfekick.

KABELJAU AUF PORTUGIESISCHE ART

4 Port.

50 Min.

Mittel

Zutaten

400 g Kabeljaufilet, vorab eingeweicht, falls gesalzen
3 EL Olivenöl
2 große Zwiebeln, in dünne Halbringe geschnitten
2 Knoblauchzehen, fein gehackt
6 Eier, leicht verquirlt
300 g Süßkartoffeln, in dünne Streifen geschnitten
1 Handvoll frische Petersilie, gehackt
Schwarze Oliven und Kapern zum Garnieren
Salz und frisch gemahlener schwarzer Pfeffer
Optional: 1 Spritzer Zitronensaft

Nährwerte p. P.

320 kcal
23 g Kohlenhydrate
15 g Fett
25 g Eiweiß

1 Beginnen Sie damit, den Kabeljau zu garen. Hierfür den Fisch in einen Topf mit Wasser geben und zum Kochen bringen. Sobald das Wasser kocht, die Hitze reduzieren und den Fisch 10 bis 15 Minuten pochieren, bis er zart ist. Den Fisch herausnehmen, abkühlen lassen und anschließend in kleine Stücke zerpflücken.

2 Die Süßkartoffelstreifen in einer Pfanne mit 1 EL Olivenöl bei mittlerer Hitze knusprig braten. Dann auf Küchenpapier entnehmen und beiseitelegen.

3 In derselben Pfanne 2 EL Olivenöl erhitzen und die Zwiebeln und den Knoblauch darin goldbraun und weich dünsten.

4 Den zerpflückten Kabeljau zu den Zwiebeln und dem Knoblauch geben, gut umrühren und einige Minuten zusammen erhitzen.

5 Die verquirlten Eier über die Kabeljau-Zwiebel-Mischung gießen und bei niedriger Hitze rühren, bis die Eier gestockt, aber noch saftig sind.

6 Die knusprigen Süßkartoffelstreifen unterheben und alles mit Salz, Pfeffer und optional einem Spritzer Zitronensaft abschmecken.

7 Das Gericht auf Tellern anrichten, mit frischer Petersilie, schwarzen Oliven und Kapern garnieren und servieren.

GEGRILLTE MEERESFRÜCHTE

4 Port. 30 Min. Einfach

Zutaten

400 g Garnelen, geschält und entdarmt
4 mittelgroße Tintenfischkörper, gereinigt und in Ringe geschnitten
300 g Jakobsmuscheln
2 EL Olivenöl
Saft von 1 Zitrone
2 Knoblauchzehen, fein gehackt
1 TL getrockneter Oregano
1 TL getrockneter Thymian
Frische Petersilie, gehackt, zum Garnieren
Salz und frisch gemahlener schwarzer Pfeffer
Zitronenspalten zum Servieren

Nährwerte p. P.

310 kcal
5 g Kohlenhydrate
12 g Fett
45 g Eiweiß

1 In einer großen Schüssel Olivenöl, Zitronensaft, Knoblauch, Oregano und Thymian vermischen. Mit Salz und Pfeffer würzen.

2 Garnelen, Tintenfischringe und Jakobsmuscheln in die Marinade geben und alles gut vermengen. Lassen Sie die Meeresfrüchte mindestens 15 Minuten im Kühlschrank marinieren, damit sie die Aromen aufnehmen.

3 Heizen Sie Ihren Grill oder eine Grillpfanne auf mittlere bis hohe Hitze vor.

4 Die Meeresfrüchte aus der Marinade nehmen und auf den Grill legen. Garnelen und Jakobsmuscheln benötigen etwa 2 bis 3 Minuten pro Seite, der Tintenfisch etwas länger, etwa 3 bis 4 Minuten pro Seite, bis alles schön gebräunt und durchgegart ist.

5 Die gegrillten Meeresfrüchte auf einer Platte anrichten und mit frischer Petersilie garnieren. Mit Zitronenspalten servieren, damit jeder nach Geschmack zusätzlich Zitrone darübergeben kann.

THUNFISCH-POKE-BOWL

4 Port.

30 Min.

Einfach

Zutaten

400 g frischer Thunfisch (Sushi-Qualität), in Würfel geschnitten
200 g gekochter Vollkornreis oder Quinoa als glutenfreie Option
1 reife Avocado, gewürfelt
1 Gurke, in dünne Scheiben geschnitten
1 Möhre, in dünne Streifen geschnitten
100 g Edamame (geschält)
2 Frühlingszwiebeln, in feine Ringe geschnitten
3 EL Sojasoße (glutenfrei)
1 EL Sesamöl
1 EL Reisessig
1 TL Honig oder ein anderes natürliches Süßungsmittel
1 TL frischer Ingwer, fein gerieben
Optional: 1 kleine rote Chili, entkernt und fein gehackt, für zusätzliche Schärfe
Zum Garnieren: Sesamsamen, ein paar Noriblätter

Nährwerte p. P.

420 kcal
50 g Kohlenhydrate
12 g Fett
35 g Eiweiß

1 Beginnen Sie mit der Zubereitung des Dressings, indem Sie Sojasoße, Sesamöl, Reisessig, Honig, geriebenen Ingwer und optional die rote Chili in einer kleinen Schüssel gut verrühren, bis sich alle Zutaten miteinander verbunden haben.

2 Geben Sie die Thunfischwürfel in eine mittelgroße Schüssel und mischen Sie sie vorsichtig mit der Hälfte des Dressings. Lassen Sie den Thunfisch etwa 10 Minuten im Kühlschrank marinieren, um die Aromen zu intensivieren.

3 In der Zwischenzeit bereiten Sie die Basis Ihrer Poke-Bowls vor, indem Sie den gekochten Vollkornreis oder Quinoa gleichmäßig auf vier Schalen verteilen.

4 Arrangieren Sie die Avocado, Gurkenscheiben, Möhrenstreifen, Edamame und die in feine Ringe geschnittenen Frühlingszwiebeln schön auf dem Reis oder der Quinoa.

5 Nehmen Sie den marinierten Thunfisch aus dem Kühlschrank und verteilen Sie ihn ebenfalls in den Schalen.

6 Geben Sie das restliche Dressing über die Bowls und garnieren Sie jede mit Sesamsamen und zerpflückten Noriblättern.

GLUTENFREIE FISH AND CHIPS

 4 Port.  45 Min. Mittel

Zutaten

4 mittelgroße Weißfischfilets (z. B. Kabeljau, Schellfisch), je etwa 150 g
800 g Kartoffeln, geschält und in Stäbchen geschnitten
100 g glutenfreies Mehl
1 TL Backpulver
150 ml Mineralwasser, kalt
2 Eier, getrennt
Meersalz und frisch gemahlener schwarzer Pfeffer
Sonnenblumenöl oder ein anderes hocherhitzbares Öl zum Frittieren
Optional: Erbsenpüree als Beilage
100 g glutenfreies Mehl zum Wenden
1 TL Paprikapulver
Salz und Pfeffer

Nährwerte p. P.

550 kcal
65 g Kohlenhydrate
25 g Fett
30 g Eiweiß

1 Waschen Sie die geschnittenen Kartoffeln und trocknen Sie sie gründlich ab. Erhitzen Sie das Öl in einer Fritteuse oder einem tiefen Topf auf 180 °C. Frittieren Sie die Kartoffeln in Chargen, bis sie goldbraun und knusprig sind. Nehmen Sie sie heraus und legen Sie sie auf Küchenpapier, um überschüssiges Fett aufzunehmen.

2 Für den Teig das glutenfreie Mehl mit Backpulver, Salz und Pfeffer in einer Schüssel mischen. Eigelb und Mineralwasser hinzufügen und zu einem glatten Teig verrühren. Schlagen Sie die Eiweiße in einer separaten Schüssel steif und heben Sie sie vorsichtig unter den Teig, um ihn leicht und luftig zu machen.

3 Mischen Sie in einer weiteren Schüssel 100 g glutenfreies Mehl mit Paprikapulver, Salz und Pfeffer für die Panade. Wenden Sie die Fischfilets darin und schütteln Sie das überschüssige Mehl ab.

4 Tauchen Sie die mehlierten Fischfilets in den Teig, sodass sie rundum bedeckt sind. Frittieren Sie die Fischfilets im heißen Öl, bis sie goldbraun und knusprig sind, etwa 4 bis 5 Minuten pro Seite. Nehmen Sie den Fisch heraus und lassen Sie ihn ebenfalls auf Küchenpapier abtropfen.

5 Servieren Sie die glutenfreien Fish and Chips bestreut mit etwas Meersalz und begleitet von Erbsenpüree, falls gewünscht.

GLUTENFREIER LACHS-TERIYAKI

4 Port.

30 Min.

Einfach

Zutaten

4 Lachsfilets (je ca. 150 g)
3 EL glutenfreie Sojasoße
2 EL Mirin (japanischer Reiswein)
1 EL Sake (optional)
2 EL Honig
1 Knoblauchzehe, fein gehackt
1 Stück Ingwer (ca. 2 cm), fein gerieben
1 TL Sesamöl
Sesamsamen zum Garnieren
Frühlingszwiebeln, in feine Ringe geschnitten, zum Garnieren
Optional: frischer Koriander zum Garnieren

Nährwerte p. P.

360 kcal
15 g Kohlenhydrate
18 g Fett
35 g Eiweiß

1 Für die Teriyaki-Soße in einer kleinen Schüssel glutenfreie Sojasoße, Mirin, Sake (falls verwendet), Honig, gehackten Knoblauch und geriebenen Ingwer gründlich vermischen.

2 Die Lachsfilets in einer flachen Schale anordnen und mit der Hälfte der Teriyaki-Soße übergießen. Stellen Sie sicher, dass alle Seiten der Filets gut bedeckt sind. Lassen Sie den Lachs etwa 15 Minuten im Kühlschrank marinieren.

3 Erhitzen Sie das Sesamöl in einer Pfanne bei mittlerer Hitze. Nehmen Sie die Lachsfilets aus der Marinade (die Marinade aufbewahren) und braten Sie sie in der Pfanne von jeder Seite 3 bis 4 Minuten an oder bis sie eine schöne goldbraune Farbe angenommen haben und fast durchgegart sind.

4 Gießen Sie die restliche Teriyaki-Soße in die Pfanne und lassen Sie sie zusammen mit dem Lachs kurz aufkochen, sodass die Soße eindickt und die Lachsfilets glasiert werden.

5 Nehmen Sie die Lachsfilets aus der Pfanne und drapieren Sie sie auf Tellern.

6 Garnieren Sie den Lachs mit Sesamsamen, Frühlingszwiebelringen und optional frischem Koriander.

Vegetarische Hauptgerichte

GEMÜSEFRITTATA

4 Port.

35 Min.

Einfach

Zutaten

6 große Eier
100 ml Milch
2 EL Olivenöl
1 kleine Zucchini, in dünne Scheiben geschnitten
1 rote Paprika, gewürfelt
1 kleine rote Zwiebel, fein geschnitten
100 g Kirschtomaten, halbiert
50 g frischer Spinat
50 g Feta, zerkrümelt
Salz und frisch gemahlener schwarzer Pfeffer
1 Handvoll frische Kräuter (z. B. Petersilie, Basilikum), gehackt

Nährwerte p. P.

220 kcal
10 g Kohlenhydrate
14 g Fett
16 g Eiweiß

1 Den Ofen auf 180 °C (Ober-/Unterhitze) vorheizen.

2 In einer großen ofenfesten Pfanne das Olivenöl bei mittlerer Hitze erwärmen. Zucchini, Paprika und rote Zwiebel hinzufügen und etwa 5 Minuten dünsten, bis das Gemüse weich ist.

3 Spinat und Kirschtomaten hinzufügen und weiterdünsten, bis der Spinat welk ist. Mit Salz und Pfeffer würzen.

4 In einer Schüssel die Eier mit der Milch verquirlen. Salz, Pfeffer und die gehackten Kräuter unterrühren.

5 Die Eiermischung gleichmäßig über das Gemüse in der Pfanne gießen. Einige Minuten bei schwacher Hitze garen lassen, bis die Ränder zu stocken beginnen.

6 Den Feta über die Frittata streuen und die Pfanne in den vorgeheizten Ofen schieben. Backen Sie die Frittata 10 bis 15 Minuten, bis sie gestockt und goldbraun ist.

PILZ-RICOTTA-LASAGNE

6 Port.

1 Std. 15 Min.

Mittel

Zutaten

9 - 12 glutenfreie Lasagneblätter
500 g frische gemischte Pilze (z. B. Champignons, Shiitake, Portobello), grob gehackt
250 g Ricotta
200 g frischer Spinat
1 Zwiebel, fein gewürfelt
2 Knoblauchzehen, fein gehackt
400 ml passierte Tomaten
200 ml Gemüsebrühe (glutenfrei)
2 EL Olivenöl
150 g geriebener Mozzarella
50 g Parmesan, frisch gerieben
Salz und frisch gemahlener schwarzer Pfeffer
1 TL getrockneter Oregano
Frische Basilikumblätter zum Garnieren

Nährwerte p. P.

450 kcal
40 g Kohlenhydrate
20 g Fett
25 g Eiweiß

1 Den Ofen auf 180 °C (Ober-/Unterhitze) vorheizen.

2 In einer großen Pfanne das Olivenöl erhitzen und die Zwiebeln und den Knoblauch darin glasig dünsten. Die Pilze hinzufügen und bei mittlerer Hitze braten, bis sie weich sind und ihre Flüssigkeit verloren haben.

3 Den Spinat zu den Pilzen geben und dünsten, bis er zusammenfällt. Mit Salz, Pfeffer und Oregano würzen. Vom Herd nehmen und leicht abkühlen lassen.

4 In einer Schüssel Ricotta glatt rühren und mit der Pilz-Spinat-Mischung vermengen.

5 In einer separaten Schüssel die passierten Tomaten mit der Gemüsebrühe vermischen und mit Salz und Pfeffer abschmecken.

6 Eine dünne Schicht der Tomatensoße in eine Auflaufform geben. Dann eine Schicht Lasagneblätter darauflegen, gefolgt von einer Schicht der Pilz-Ricotta-Mischung. Mit Mozzarella bestreuen. Diese Schichten wiederholen, bis alle Zutaten aufgebraucht sind, mit einer Schicht Mozzarella und Parmesan abschließen.

7 Die Lasagne mit Alufolie abdecken und im vorgeheizten Ofen etwa 30 Minuten backen. Dann die Folie entfernen und weitere 15 Minuten backen, bis die Oberfläche goldbraun und blubbernd ist.

8 Vor dem Servieren einige Minuten abkühlen lassen und mit frischen Basilikumblättern garnieren.

SPINAT-FETA-TEIGTASCHEN

 6 Port.
 1 Std.
 Mittel

Zutaten

500 g frischer Spinat, grob gehackt
200 g Feta, zerbröckelt
1 mittelgroße Zwiebel, fein gewürfelt
2 Knoblauchzehen, fein gehackt
2 Eier, leicht verquirlt
100 g glutenfreie Filoteigblätter
4 EL Olivenöl
1 TL getrockneter Dill
1 TL getrockneter Oregano
Salz und frisch gemahlener schwarzer Pfeffer
Sesamsamen zum Bestreuen

Nährwerte p. P.

280 kcal
20 g Kohlenhydrate
18 g Fett
12 g Eiweiß

1 Den Ofen auf 180 °C (Ober-/Unterhitze) vorheizen und ein Backblech mit Backpapier auslegen.

2 In einer großen Pfanne 2 EL Olivenöl erhitzen. Zwiebel und Knoblauch darin anbraten, bis sie weich sind. Den Spinat hinzufügen und so lange dünsten, bis er zusammenfällt und seine Flüssigkeit verloren hat. Vom Herd nehmen und abkühlen lassen.

3 Den abgekühlten Spinat in eine große Schüssel geben. Feta, Eier, Dill und Oregano hinzufügen. Mit Salz und Pfeffer würzen und alles gut vermischen.

4 Ein Filoteigblatt auf eine saubere Arbeitsfläche legen und leicht mit Olivenöl bestreichen. Ein weiteres Blatt darauflegen und ebenfalls bestreichen. Etwa 2 EL der Spinat-Feta-Mischung an einem Ende des Teiges platzieren. Den Teig über die Füllung rollen und dann zu einer Teigtasche falten.

5 Die Teigtaschen auf das vorbereitete Backblech legen und mit den restlichen Zutaten wiederholen, bis die Füllung aufgebraucht ist. Die Oberseite jeder Teigtasche mit Olivenöl bestreichen und mit Sesamsamen bestreuen.

6 Im vorgeheizten Ofen etwa 25 bis 30 Minuten backen, bis die Spanakopita goldbraun und knusprig sind.

GORGONZOLA-BIRNEN-RISOTTO

 4 Port.
 40 Min.
 Mittel

Zutaten

300 g Risottoreis (Arborio oder Carnaroli)
1 große Birne, reif, aber fest, in kleine Würfel geschnitten
150 g Gorgonzola, gewürfelt
1 Liter Gemüsebrühe, heiß
1 kleine Zwiebel, fein gewürfelt
2 Knoblauchzehen, fein gehackt
150 ml Weißwein
3 EL Olivenöl
50 g Parmesan, frisch gerieben
Salz und frisch gemahlener schwarzer Pfeffer
Frische Thymianblätter zum Garnieren

Nährwerte p. P.

430 kcal
58 g Kohlenhydrate
15 g Fett
12 g Eiweiß

1 In einem großen Topf das Olivenöl bei mittlerer Hitze erhitzen. Zwiebel und Knoblauch hinzufügen und anbraten, bis die Zwiebel weich und durchsichtig ist.

2 Den Risottoreis hinzufügen und unter Rühren einige Minuten anschwitzen, bis die Körner glasig erscheinen. Mit Weißwein ablöschen und unter Rühren warten, bis der Wein vollständig absorbiert ist.

3 Anschließend nach und nach die heiße Gemüsebrühe hinzufügen. Stets umrühren und jeweils warten, bis die Flüssigkeit vom Reis aufgenommen wurde, bevor die nächste Kelle Brühe hinzugefügt wird. Dieser Schritt sollte etwa 18 bis 20 Minuten dauern, bis der Reis al dente ist.

4 Kurz vor Ende der Garzeit die Birnenwürfel und Gorgonzolawürfel unter den Risotto heben. Weiterköcheln lassen, bis der Käse geschmolzen ist und die Birnen warm sind.

5 Den Risotto vom Herd nehmen, mit Parmesan verfeinern und mit Salz und Pfeffer abschmecken.

6 Den Risotto in tiefe Teller geben und mit frischen Thymianblättern garnieren.

QUICHE LORRAINE

6 Port.

1 Std., 10 Min.

Mittel

Zutaten

150 g glutenfreies Mehl
75 g kalte Butter, gewürfelt
1 Ei
1 Prise Salz
2 - 3 EL kaltes Wasser
200 g Speck, in Würfel geschnitten
1 große Zwiebel, fein gewürfelt
3 Eier
200 ml Sahne
100 g geriebener Gruyère oder ein anderer würziger Käse
Salz und frisch gemahlener schwarzer Pfeffer
Muskatnuss, frisch gerieben

Nährwerte p. P.

350 kcal
15 g Kohlenhydrate
25 g Fett
18 g Eiweiß

1 Für den Teig das glutenfreie Mehl, Salz und Butter in eine Schüssel geben und mit den Fingerspitzen zu einer krümeligen Masse verarbeiten. Das Ei und nach Bedarf kaltes Wasser hinzufügen, um einen geschmeidigen Teig zu formen. Den Teig zu einer Kugel formen, in Frischhaltefolie einwickeln und 30 Minuten im Kühlschrank ruhen lassen.

2 Den Ofen auf 180 °C (Ober-/Unterhitze) vorheizen. Den Teig auf einer leicht bemehlten Arbeitsfläche ausrollen und eine mit Backpapier ausgelegte Quicheform damit auskleiden. Den Boden mehrmals mit einer Gabel einstechen.

3 In einer Pfanne den Speck ohne Zugabe von Fett knusprig anbraten. Die Zwiebel hinzufügen und glasig dünsten. Vom Herd nehmen und auf dem Teigboden verteilen.

4 In einer Schüssel die Eier, Sahne, Salz, Pfeffer und 1 Prise Muskatnuss verquirlen. Den geriebenen Käse unterrühren. Die Mischung gleichmäßig über dem Speck und den Zwiebeln verteilen.

5 Die Quiche im vorgeheizten Ofen etwa 35 bis 40 Minuten backen, bis die Füllung gestockt und die Oberfläche goldbraun ist.

TOMATEN-TARTE TATIN

6 Port.

1 Std.

Mittel

Zutaten

1 Rolle glutenfreier Blätterteig
500 g reife Kirschtomaten
2 EL Olivenöl
2 EL Balsamico-Essig
1 EL Zucker
2 Knoblauchzehen, fein gehackt
1 Handvoll frische Basilikumblätter
100 g Ziegenkäse, zerkrümelt
Salz und frisch gemahlener schwarzer Pfeffer

Nährwerte p. P.

270 kcal
25 g Kohlenhydrate
16 g Fett
5 g Eiweiß

1 Den Ofen auf 190 °C (Ober-/Unterhitze) vorheizen. Eine ofenfeste Pfanne (ca. 24 cm Durchmesser) bei mittlerer Hitze auf dem Herd erhitzen. Olivenöl, Balsamico-Essig und Zucker hinzufügen und rühren, bis der Zucker aufgelöst ist.

2 Die Kirschtomaten und den Knoblauch in die Pfanne geben. Mit Salz und Pfeffer würzen und alles gut vermischen. Die Tomaten etwa 5 Minuten köcheln lassen, bis sie leicht aufplatzen.

3 Die Tomatenmischung gleichmäßig in der Pfanne verteilen und vom Herd nehmen. Frische Basilikumblätter darüberstreuen.

4 Den glutenfreien Blätterteig über die Tomaten legen, die Ränder in die Pfanne drücken, um die Tomaten vollständig zu bedecken.

5 Die Pfanne in den vorgeheizten Ofen geben und die Tarte etwa 25 bis 30 Minuten backen, bis der Teig goldbraun und knusprig ist.

6 Aus dem Ofen nehmen und einige Minuten abkühlen lassen. Dann vorsichtig auf eine große Servierplatte stürzen, sodass die Tomaten oben sind.

7 Den zerkrümelten Ziegenkäse über die noch warme Tarte streuen. Vor dem Servieren nochmals mit frischen Basilikumblättern garnieren.

SÜẞKARTOFFELGRATIN

6 Port.

1 Std., 20 Min.

Einfach

Zutaten

1 kg Süßkartoffeln, geschält und in dünne Scheiben geschnitten
2 Knoblauchzehen, fein gehackt
200 ml Sahne
100 ml Milch
100 g geriebener Gruyère oder ein anderer würziger Käse
2 EL Butter
Salz und frisch gemahlener schwarzer Pfeffer
1 Prise Muskatnuss
Frische Thymianblätter zum Garnieren

Nährwerte p. P.

310 kcal
45 g Kohlenhydrate
10 g Fett
5 g Eiweiß

1 Den Ofen auf 180 °C (Ober-/Unterhitze) vorheizen und eine Auflaufform mit Butter einfetten.

2 In einem Topf die Sahne, Milch, Knoblauch, Salz, Pfeffer und Muskatnuss bei mittlerer Hitze erhitzen, ohne zum Kochen zu bringen.

3 Die Süßkartoffelscheiben in die vorbereitete Auflaufform schichten. Die warme Sahne-Milch-Mischung gleichmäßig über die Süßkartoffeln gießen.

4 Die Oberfläche des Gratins mit dem geriebenen Käse bestreuen und kleine Butterflöckchen darauf verteilen.

5 Das Gratin im vorgeheizten Ofen etwa 1 Stunde backen, bis die Süßkartoffeln weich sind und die Oberfläche goldbraun und knusprig ist.

6 Vor dem Servieren kurz abkühlen lassen und mit frischen Thymianblättern garnieren.

SHAKSHUKA

4 Port. 40 Min. Einfach

Zutaten

6 große Eier
2 EL Olivenöl
1 große Zwiebel, fein gewürfelt
1 rote Paprika, in Würfel geschnitten
2 Knoblauchzehen, fein gehackt
800 g gehackte Tomaten aus der Dose
1 TL Paprikapulver
½ TL Kreuzkümmel
¼ TL Cayennepfeffer (optional für zusätzliche Schärfe)
Salz und frisch gemahlener schwarzer Pfeffer
Frische Petersilie oder Koriander zum Garnieren
Feta, zerkrümelt, zum Servieren (optional)

Nährwerte p. P.

220 kcal
12 g Kohlenhydrate
14 g Fett
12 g Eiweiß

1 In einer großen, tiefen Pfanne das Olivenöl bei mittlerer Hitze erhitzen. Zwiebel, Paprika und Knoblauch hinzufügen und unter gelegentlichem Rühren 5 bis 7 Minuten dünsten, bis sie weich sind.

2 Paprikapulver, Kreuzkümmel und optional Cayennepfeffer hinzufügen. Kurz anschwitzen, bis die Gewürze duften.

3 Die gehackten Tomaten einrühren und mit Salz und Pfeffer würzen. Die Soße bei niedriger Hitze 10 bis 15 Minuten köcheln lassen, bis sie etwas eingedickt ist.

4 Mit einem Löffel Mulden in der Soße formen und vorsichtig je 1 Ei in jede Mulde schlagen. Mit einem Deckel die Pfanne abdecken und die Eier 10 bis 12 Minuten garen, bis das Eiweiß gestockt, aber das Eigelb noch flüssig ist.

5 Vor dem Servieren mit frischer Petersilie oder Koriander und optional mit zerkrümeltem Feta bestreuen.

Vegane Hauptgerichte

VEGANES CHILI

 4 Port.  45 Min.  Einfach

Zutaten

2 EL Olivenöl
1 große Zwiebel, gewürfelt
2 Knoblauchzehen, fein gehackt
1 rote Paprika, gewürfelt
1 grüne Paprika, gewürfelt
2 Dosen (je 400 g) gehackte Tomaten
1 Dose (400 g) schwarze Bohnen, abgespült und abgetropft
1 Dose (400 g) Kidneybohnen, abgespült und abgetropft
200 g Mais (frisch oder gefroren)
2 TL gemahlener Kreuzkümmel
1 TL Paprikapulver (süß oder geräuchert)
½ TL Cayennepfeffer (optional für Schärfe)
Salz und frisch gemahlener schwarzer Pfeffer
Frischer Koriander zum Garnieren
Avocadowürfel und Limettenspalten zum Servieren

Nährwerte p. P.

300 kcal
45 g Kohlenhydrate
5 g Fett
15 g Eiweiß

1 Erhitzen Sie das Olivenöl in einem großen Topf bei mittlerer Hitze. Fügen Sie die Zwiebeln und den Knoblauch hinzu und dünsten Sie diese, bis sie weich und transparent sind.

2 Geben Sie die roten und grünen Paprikawürfel hinzu und braten Sie diese einige Minuten an, bis sie weich werden.

3 Rühren Sie die gehackten Tomaten, schwarzen Bohnen, Kidneybohnen und Mais ein. Würzen Sie das Ganze mit Kreuzkümmel, Paprikapulver, optional Cayennepfeffer, Salz und Pfeffer.

4 Lassen Sie das Chili bei niedriger Hitze ohne Deckel etwa 30 Minuten köcheln, gelegentlich umrühren. Falls das Chili zu dick wird, können Sie ein wenig Wasser oder Gemüsebrühe hinzufügen.

5 Probieren Sie das Chili und passen Sie die Würze nach Bedarf an.

6 Servieren Sie das vegane Chili heiß, garniert mit frischem Koriander, Avocadowürfeln und Limettenspalten nebenbei.

QUINOA-BUDDHA-BOWL

4 Port. 30 Min. Einfach

Zutaten

200 g Quinoa
400 ml Wasser
1 mittelgroße Süßkartoffel, gewürfelt
1 rote Paprika, in Streifen geschnitten
1 Zucchini, in Halbmonde geschnitten
200 g Kichererbsen (Dose), abgespült und abgetropft
2 EL Olivenöl
Salz und frisch gemahlener schwarzer Pfeffer
1 TL Paprikapulver
1 Avocado, in Scheiben geschnitten
Ein paar Blätter frischer Spinat
Für das Dressing:
3 EL Olivenöl
1 EL Apfelessig
1 TL Senf
1 TL Ahornsirup
Salz und Pfeffer

Nährwerte p. P.

350 kcal
45 g Kohlenhydrate
10 g Fett
15 g Eiweiß

1 Quinoa in einem Sieb unter fließendem Wasser abspülen. In einem Topf mit 400 ml Wasser zum Kochen bringen, dann die Hitze reduzieren und 15 Minuten köcheln lassen, bis die Quinoa das Wasser aufgenommen hat und weich ist. Vom Herd nehmen und abdecken, um 5 Minuten zu ruhen.

2 Währenddessen den Ofen auf 200 °C (Ober-/Unterhitze) vorheizen. Süßkartoffelwürfel, Paprikastreifen und Zucchini auf ein mit Backpapier ausgelegtes Backblech geben. Kichererbsen hinzufügen, mit Olivenöl betraufeln und mit Salz, Pfeffer und Paprikapulver würzen. Alles gut vermischen und im Ofen 20 Minuten rösten, bis das Gemüse weich und leicht karamellisiert ist.

3 Für das Dressing Olivenöl, Apfelessig, Senf, Ahornsirup, Salz und Pfeffer in einer kleinen Schüssel verquirlen.

4 Die Quinoa als Basis in Schüsseln verteilen. Das geröstete Gemüse und die Kichererbsen darübergeben. Mit frischen Spinatblättern und Avocadoscheiben garnieren.

5 Die Buddha-Bowl mit dem vorbereiteten Dressing beträufeln und sofort servieren.

PROVENZALISCHES RATATOUILLE

4 Port. 1 Std. Einfach

Zutaten

1 Aubergine, in Würfel geschnitten
2 Zucchini, in Würfel geschnitten
1 rote Paprika, in Würfel geschnitten
1 gelbe Paprika, in Würfel geschnitten
2 Tomaten, gehäutet und gewürfelt
1 große Zwiebel, fein gehackt
2 Knoblauchzehen, fein gehackt
4 EL Olivenöl
1 TL getrockneter Thymian
1 TL getrockneter Rosmarin
Salz und frisch gemahlener schwarzer Pfeffer
Frische Kräuter zum Garnieren (z. B. Basilikum oder Thymian)

Nährwerte p. P.

120 kcal
15 g Kohlenhydrate
7 g Fett
3 g Eiweiß

1 Den Ofen auf 190 °C (Ober-/Unterhitze) vorheizen.

2 Aubergine, Zucchini und Paprika auf einem mit Backpapier ausgelegten Backblech verteilen. Mit der Hälfte des Olivenöls beträufeln, salzen, pfeffern und mit Thymian sowie Rosmarin bestreuen. Gut vermischen, sodass das Gemüse gleichmäßig mit dem Öl und den Gewürzen bedeckt ist.

3 Das Gemüse im vorgeheizten Ofen etwa 25 Minuten rösten, bis es weich und leicht gebräunt ist. Dabei gelegentlich umrühren.

4 Währenddessen in einer großen Pfanne das restliche Olivenöl erhitzen. Zwiebel und Knoblauch hinzufügen und bei mittlerer Hitze anbraten, bis die Zwiebel glasig ist.

5 Die gerösteten Gemüsewürfel sowie die Tomatenwürfel zur Zwiebel-Knoblauch-Mischung in die Pfanne geben. Alles gut vermengen und bei niedriger Hitze etwa 10 Minuten köcheln lassen, damit die Aromen sich verbinden.

6 Mit Salz und Pfeffer abschmecken und vor dem Servieren mit frischen Kräutern garnieren.

VEGANES PAD THAI

4 Port. 30 Min. Einfach

Zutaten

200 g Reisnudeln
2 EL Olivenöl
1 rote Paprika, in dünne Streifen geschnitten
1 Karotte, in dünne Streifen geschnitten
100 g Zuckerschoten, halbiert
1 Tofu, fest, in kleine Würfel geschnitten
2 Frühlingszwiebeln, in Ringe geschnitten
2 Knoblauchzehen, fein gehackt
1 Stück Ingwer (ca. 2 cm), fein gerieben
Für die Soße:
3 EL Sojasoße (glutenfrei)
1 EL Tamarindenpaste
1 EL Ahornsirup
1 EL Limettensaft
½ TL Chiliflocken (optional)

Zum Garnieren:
Gehackte Erdnüsse
Frische Korianderblätter
Limettenspalten

Nährwerte p. P.

320 kcal
58 g Kohlenhydrate
7 g Fett
12 g Eiweiß

1 Reisnudeln nach Packungsanweisung in heißem Wasser einweichen, bis sie weich sind, dann abgießen und beiseitestellen.

2 In einer großen Pfanne oder einem Wok das Olivenöl erhitzen. Tofu hinzufügen und bei mittlerer Hitze braten, bis er goldbraun und knusprig ist. Tofu aus der Pfanne nehmen und beiseitestellen.

3 In derselben Pfanne rote Paprika, Karotte, Frühlingszwiebeln und Zuckerschoten hinzufügen und unter ständigem Rühren 3 bis 4 Minuten anbraten. Knoblauch und Ingwer hinzufügen und weitere 2 Minuten braten.

4 Für die Soße Sojasoße, Tamarindenpaste, Ahornsirup, Limettensaft und optional Chiliflocken in einer kleinen Schüssel vermischen.

5 Die eingeweichten Reisnudeln und den gebratenen Tofu zum Gemüse in die Pfanne geben. Die Soße darübergießen und alles gut vermengen. Bei mittlerer Hitze kochen, bis die Nudeln die Soße aufgenommen haben und das Gericht heiß ist.

6 Das vegane Pad Thai auf Teller verteilen und mit gehackten Erdnüssen, frischen Korianderblättern und Limettenspalten garnieren.

FALAFEL MIT HUMMUS

4 Port.

45 Min. + Einweichzeit

Mittel

Zutaten

200 g getrocknete Kichererbsen, über Nacht eingeweicht
1 kleine Zwiebel, grob gehackt
2 Knoblauchzehen, grob gehackt
1 Handvoll frische Petersilie
1 TL gemahlener Kreuzkümmel
1 TL gemahlener Koriander
½ TL Cayennepfeffer (optional)
Salz und frisch gemahlener schwarzer Pfeffer
2 EL Mehl (glutenfrei, falls notwendig)
Olivenöl zum Braten

Zutaten für den Hummus

400 g Dose Kichererbsen, abgespült und abgetropft
2 EL Tahini (Sesampaste)
Saft von 1 Zitrone
2 Knoblauchzehen, fein gehackt
2 EL Olivenöl
Salz und frisch gemahlener schwarzer Pfeffer
Paprikapulver, zum Garnieren
Extra Olivenöl zum verfeinern

Nährwerte p. P.

290 kcal
30 g Kohlenhydrate
14 g Fett
9 g Eiweiß

1 Für die Falafel die eingeweichten Kichererbsen abtropfen lassen und zusammen mit Zwiebel, Knoblauch, Petersilie, Kreuzkümmel, Koriander, optional Cayennepfeffer, Salz und Pfeffer in eine Küchenmaschine geben. Zu einer groben Paste verarbeiten. Falls die Masse zu feucht ist, etwas glutenfreies Mehl hinzufügen, bis die Masse formbar ist.

2 Aus der Masse kleine Bällchen oder Pattys formen. In einer Pfanne genügend Olivenöl erhitzen und die Falafel bei mittlerer Hitze von allen Seiten goldbraun und knusprig braten. Auf Küchenpapier abtropfen lassen.

3 Für den Hummus alle Zutaten in einen Mixer geben und zu einer glatten Paste verarbeiten. Mit Salz und Pfeffer abschmecken und in eine Servierschale geben. Mit einem Spritzer Olivenöl und etwas Paprikapulver garnieren.

4 Die Falafel mit dem Hummus servieren und nach Belieben mit frischer Petersilie garnieren.

VEGANES PILZRISOTTO

4 Port.

40 Min.

Mittel

Zutaten

300 g Risottoreis (z. B. Arborio)
500 g gemischte Pilze (Champignons, Shiitake, Portobello), grob gehackt
1 große Zwiebel, fein gewürfelt
2 Knoblauchzehen, fein gehackt
1 Liter Gemüsebrühe, heiß
150 ml Weißwein (optional)
2 EL Olivenöl
1 EL Hefeflocken (für einen käsigen Geschmack)
Salz und frisch gemahlener schwarzer Pfeffer
Frische Petersilie zum Garnieren

Nährwerte p. P.

310 kcal
55 g Kohlenhydrate
5 g Fett
8 g Eiweiß

1 In einem großen Topf das Olivenöl bei mittlerer Hitze erhitzen. Zwiebeln und Knoblauch hinzufügen und unter Rühren weich dünsten.

2 Die Pilze dazugeben und braten, bis sie weich sind und ihre Flüssigkeit freigesetzt haben.

3 Den Risottoreis einrühren, bis er vollständig mit dem Öl bedeckt ist und leicht glasig erscheint. Mit Weißwein ablöschen und rühren, bis der Wein vollständig absorbiert ist.

4 Nach und nach heiße Gemüsebrühe hinzufügen, dabei ständig rühren. Warten Sie jedes Mal, bis die Flüssigkeit fast vollständig vom Reis aufgenommen wurde, bevor Sie mehr Brühe hinzufügen.

5 Nach etwa 18 bis 20 Minuten, wenn der Reis cremig und al dente ist, die Hefeflocken unterrühren und mit Salz und Pfeffer abschmecken.

6 Das Risotto vom Herd nehmen, mit frischer Petersilie garnieren und sofort servieren.

KÜRBISGNOCCHI MIT TOMATENSOẞE

4 Port.

1 Std., 30 Min.

Mittel

Zutaten

500 g Kürbispüree (aus Hokkaido- oder Butternutkürbis)
250 g Mehl (glutenfrei, falls notwendig), zusätzlich etwas mehr zum Bestäuben
1 TL Salz
½ TL Muskatnuss, gemahlen
2 EL Olivenöl
1 kleine Zwiebel, fein gehackt
2 Knoblauchzehen, fein gehackt
400 g gehackte Tomaten aus der Dose
1 TL getrockneter Oregano
Salz und frisch gemahlener schwarzer Pfeffer
Frische Basilikumblätter zum Garnieren

Nährwerte p. P.

320 kcal
60 g Kohlenhydrate
4 g Fett
8 g Eiweiß

1 Für die Gnocchi das Kürbispüree in einer großen Schüssel mit Mehl, Salz und Muskatnuss vermischen. Zu einem geschmeidigen, formbaren Teig kneten. Falls der Teig zu klebrig ist, etwas mehr Mehl hinzufügen.

2 Auf einer leicht bemehlten Arbeitsfläche den Teig in mehrere Teile teilen und zu langen Strängen rollen. Diese in kleine Stücke schneiden und mit einer Gabel leicht eindrücken, um die typische Gnocchi-Form zu erhalten.

3 Einen großen Topf mit Salzwasser zum Kochen bringen. Die Gnocchi in Chargen kochen, bis sie an die Oberfläche steigen, dann mit einer Schaumkelle herausnehmen und abtropfen lassen.

4 Für die Tomatensoße das Olivenöl in einem Topf erhitzen. Zwiebel und Knoblauch darin bei mittlerer Hitze glasig dünsten. Die gehackten Tomaten und Oregano hinzufügen. Mit Salz und Pfeffer würzen und bei niedriger Hitze 20 Minuten köcheln lassen, bis die Soße eingedickt ist.

5 Die gekochten Gnocchi in die Tomatensoße geben und vorsichtig umrühren, bis sie gleichmäßig bedeckt sind. Vor dem Servieren mit frischen Basilikumblättern garnieren.

VEGANES MOUSSAKA

6 Port.

1 Std., 20 Min.

Mittel

Zutaten für das Gemüse

2 große Auberginen, in Scheiben geschnitten
3 große Kartoffeln, in Scheiben geschnitten
3 EL Olivenöl
Salz und frisch gemahlener schwarzer Pfeffer

Zutaten für die Füllung

2 EL Olivenöl
1 große Zwiebel, gewürfelt
2 Knoblauchzehen, fein gehackt
1 rote Paprika, gewürfelt
400 g Linsen (gekocht oder aus der Dose), abgespült und abgetropft
400 g gehackte Tomaten aus der Dose
1 TL getrockneter Oregano
1 TL getrockneter Thymian
½ TL Zimt
Salz und frisch gemahlener schwarzer Pfeffer

1 Den Ofen auf 180 °C (Ober-/Unterhitze) vorheizen.

2 Auberginen- und Kartoffelscheiben auf mit Backpapier ausgelegte Backbleche legen, mit Olivenöl beträufeln, salzen, pfeffern und im Ofen etwa 20 bis 25 Minuten backen, bis sie weich sind.

3 Für die Füllung das Olivenöl in einer Pfanne erhitzen und Zwiebel, Knoblauch und rote Paprika darin anbraten, bis sie weich sind. Linsen, Tomaten, Oregano, Thymian und Zimt hinzufügen.

4 Mit Salz und Pfeffer abschmecken und bei niedriger Hitze 15 Minuten köcheln lassen.

5 Für die vegane Béchamelsoße das Olivenöl in einem Topf erhitzen, das Mehl einrühren und unter Rühren 1 bis 2 Minuten anschwitzen.

6 Nach und nach die pflanzliche Milch einrühren, bis eine glatte Soße entsteht. Mit Muskatnuss, Salz und Pfeffer würzen und bei niedriger Hitze unter Rühren 5 bis 10 Minuten köcheln lassen, bis die Soße eindickt.

7 Eine Auflaufform schichten: Beginnen Sie mit einer Schicht Kartoffeln, gefolgt von einer Schicht Auberginen und dann der Linsenfüllung.

Zutaten für die vegane Béchamelsoße:

3 EL Olivenöl
4 EL Mehl (glutenfrei, falls notwendig)
500 ml pflanzliche Milch (z. B. Mandel- oder Sojamilch)
¼ TL Muskatnuss, gemahlen
Salz und frisch gemahlener schwarzer Pfeffer

Nährwerte p. P.

350 kcal
45 g Kohlenhydrate
12 g Fett
9 g Eiweiß

8 Wiederholen Sie die Schichten, bis alle Zutaten aufgebraucht sind, und schließen Sie mit einer Schicht Auberginen ab.

9 Die vegane Béchamelsoße über das Moussaka gießen und glatt streichen.

10 Das Moussaka im vorgeheizten Ofen etwa 30 Minuten backen, bis die Oberfläche goldbraun ist.

Fingerfood & Snacks

GUACAMOLE MIT GEMÜSESTICKS

4 Port.

20 Min.

Einfach

Zutaten

2 reife Avocados
Saft von 1 Limette
1 kleine rote Zwiebel, fein gewürfelt
1 reife Tomate, entkernt und gewürfelt
1 Knoblauchzehe, fein gehackt
1 kleine Chilischote, entkernt und fein gehackt (optional)
Salz und frisch gemahlener schwarzer Pfeffer
Frischer Koriander, grob gehackt
2 Karotten, geschält und in Sticks geschnitten
1 Gurke, geschält und in Sticks geschnitten
1 rote Paprika, in Sticks geschnitten
1 gelbe Paprika, in Sticks geschnitten

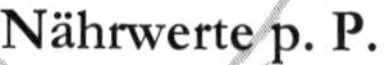

Nährwerte p. P.

180 kcal
15 g Kohlenhydrate
14 g Fett
2 g Eiweiß

1 Für die Guacamole die Avocados halbieren, entkernen und das Fruchtfleisch mit einem Löffel in eine Schüssel geben. Mit einer Gabel das Avocadofleisch zerdrücken.

2 Limettensaft, rote Zwiebel, Tomate, Knoblauch und optional Chilischote zur Avocado geben. Alles gründlich vermischen. Mit Salz und Pfeffer abschmecken. Zum Schluss den frischen Koriander unterheben.

3 Für die Gemüsesticks Karotten, Gurke und Paprika waschen, schälen bzw. entkernen und in lange, dünne Sticks schneiden.

4 Die Guacamole in eine Servierschale füllen und zusammen mit den Gemüsesticks anrichten. Sofort servieren, um die Frische der Guacamole zu bewahren.

ZUCCHINI-KÜCHLEIN

 4 Port.
 35 Min.
 Einfach

Zutaten

2 mittelgroße Zucchini, grob gerieben
1 kleine Zwiebel, fein gewürfelt
2 Knoblauchzehen, fein gehackt
50 g glutenfreies Mehl
1 TL Backpulver
2 Eier, geschlagen
50 g Feta, zerkrümelt
2 EL frische Kräuter (z. B. Dill, Petersilie), gehackt
Salz und frisch gemahlener schwarzer Pfeffer
Olivenöl zum Braten

Nährwerte p. P.

150 kcal
10 g Kohlenhydrate
9 g Fett
5 g Eiweiß

1 Die geriebenen Zucchini in ein Sieb geben, leicht salzen und etwa 10 Minuten stehen lassen, um überschüssige Flüssigkeit zu entfernen. Anschließend die Zucchini in ein sauberes Tuch geben und kräftig ausdrücken.

2 In einer großen Schüssel die ausgedrückten Zucchini, Zwiebel, Knoblauch, glutenfreies Mehl, Backpulver, Eier, zerkrümelten Feta und die frischen Kräuter vermengen. Mit Salz und Pfeffer würzen und alles gut vermischen, bis eine homogene Masse entsteht.

3 In einer Pfanne bei mittlerer Hitze etwas Olivenöl erhitzen. Für jedes Küchlein einen Esslöffel der Zucchini-Mischung in die Pfanne geben und leicht flach drücken. Von beiden Seiten goldbraun und knusprig braten, etwa 3 bis 4 Minuten pro Seite.

4 Die fertigen Zucchini-Küchlein auf Küchenpapier abtropfen lassen und warm servieren.

FALAFELBÄLLCHEN MIT JOGHURT-DIP

4 Port.

45 Min. + Einweichzeit

Mittel

Zutaten für die Falafelbällchen

200 g getrocknete Kichererbsen, über Nacht eingeweicht
1 kleine Zwiebel, grob gehackt
2 Knoblauchzehen, grob gehackt
1 Handvoll frische Petersilie
1 TL gemahlener Kreuzkümmel
1 TL gemahlener Koriander
½ TL Cayennepfeffer (optional)
Salz und frisch gemahlener schwarzer Pfeffer
Olivenöl zum Frittieren

Zutaten für den Joghurt-Dip

200 g griechischer Joghurt oder pflanzliche Joghurtalternative
1 Knoblauchzehe, fein gehackt
1 EL Zitronensaft
1 EL frische Minze, gehackt
Salz und frisch gemahlener schwarzer Pfeffer

Nährwerte p. P.

260 kcal
30 g Kohlenhydrate
10 g Fett
12 g Eiweiß

1 Für die Falafel die eingeweichten Kichererbsen abtropfen lassen und zusammen mit Zwiebel, Knoblauch, Petersilie, Kreuzkümmel, Koriander, optional Cayennepfeffer, Salz und Pfeffer in eine Küchenmaschine geben. Zu einer groben Paste verarbeiten.

2 Aus der Masse kleine Bällchen formen. In einer Pfanne genügend Olivenöl erhitzen und die Falafelbällchen bei mittlerer Hitze von allen Seiten goldbraun und knusprig frittieren. Auf Küchenpapier abtropfen lassen.

3 Für den Joghurt-Dip alle Zutaten in einer Schüssel vermischen und mit Salz und Pfeffer abschmecken.

4 Die Falafelbällchen zusammen mit dem Joghurt-Dip servieren.

GEFÜLLTE REISBÄLLCHEN

4 Port.

1 Std.

Mittel

Zutaten

200 g Risottoreis
500 ml Gemüsebrühe
1 kleine Zwiebel, fein gewürfelt
2 EL Olivenöl für den Reis, zusätzlich 4 EL zum Braten
100 g Erbsen (frisch oder gefroren)
100 g Mozzarella, in kleine Würfel geschnitten
50 g Parmesan, frisch gerieben
2 Eier, geschlagen
100 g glutenfreies Paniermehl
Salz und frisch gemahlener schwarzer Pfeffer

Nährwerte p. P.

220 kcal
35 g Kohlenhydrate
7 g Fett
5 g Eiweiß

1 In einem mittelgroßen Topf 2 EL Olivenöl erhitzen. Die Zwiebel hinzufügen und bei mittlerer Hitze glasig dünsten. Den Risottoreis hinzufügen und unter Rühren 2 Minuten anbraten, bis die Körner glasig sind.

2 Nach und nach die heiße Gemüsebrühe hinzugeben, dabei ständig rühren. Sobald der Reis die Brühe aufgenommen hat, weitere Brühe hinzugeben. Nach 10 Minuten die Erbsen unterrühren. Weiterköcheln, bis der Reis cremig und al dente ist (insgesamt ca. 18 bis 20 Minuten). Vom Herd nehmen und den Parmesan unterrühren. Mit Salz und Pfeffer abschmecken und abkühlen lassen.

3 Sobald der Reis abgekühlt ist, kleine Portionen nehmen, flach drücken, ein Stück Mozzarella in die Mitte setzen und darum die Reismasse formen, sodass der Käse vollständig umschlossen ist.

4 Die Reisbällchen erst in geschlagenem Ei und dann im Paniermehl wenden.

5 In einer Pfanne 4 EL Olivenöl erhitzen und die Reisbällchen rundherum goldbraun und knusprig braten. Auf Küchenpapier abtropfen lassen.

MINI-FISCHTACOS

4 Port.

30 Min.

Einfach

Zutaten

400 g Weißfischfilet (z. B. Kabeljau oder Tilapia)
1 TL gemahlener Kreuzkümmel
½ TL Paprikapulver
Salz und frisch gemahlener schwarzer Pfeffer
2 EL Olivenöl
8 kleine glutenfreie Tortillas
1 Avocado, in Scheiben geschnitten
1 kleine rote Zwiebel, in dünne Ringe geschnitten
1 Limette, in Spalten geschnitten
Frischer Koriander zum Garnieren

Für den Krautsalat:

200 g Weißkohl, fein gehobelt
2 EL Apfelessig
1 EL Olivenöl
Salz und Pfeffer

Nährwerte p. P.

280 kcal
24 g Kohlenhydrate
12 g Fett
20 g Eiweiß

1 Den Fisch mit Kreuzkümmel, Paprikapulver, Salz und Pfeffer würzen. In einer Pfanne 2 EL Olivenöl erhitzen und den Fisch von beiden Seiten je 3 bis 4 Minuten braten, bis er durchgegart und leicht knusprig ist. Den Fisch aus der Pfanne nehmen und warmhalten.

2 Für den Krautsalat den gehobelten Weißkohl mit Apfelessig, 1 EL Olivenöl, Salz und Pfeffer in einer Schüssel vermengen und kurz durchziehen lassen.

3 Die Tortillas nach Packungsanweisung erwärmen.

4 Die Tortillas mit Stücken des gebratenen Fisches, Avocadoscheiben, roten Zwiebelringen und etwas Krautsalat belegen. Mit frischem Koriander garnieren und mit Limettenspalten servieren.

GARNELEN IM KOKOSMANTEL

4 Port.

30 Min.

Mittel

Zutaten

400 g große Garnelen, geschält und entdarmt
50 g glutenfreies Mehl
2 große Eier, geschlagen
100 g Kokosraspeln
Salz und frisch gemahlener schwarzer Pfeffer
4 EL Kokosöl zum Braten

Zutaten für den Dip

100 ml Kokosmilch
1 EL Limettensaft
1 TL Honig
½ TL Chiliflocken (optional)
1 Prise Salz

Nährwerte p. P.

210 kcal
8 g Kohlenhydrate
12 g Fett
20 g Eiweiß

1 Die Garnelen unter kaltem Wasser abspülen und mit Küchenpapier trocken tupfen. Mit Salz und Pfeffer würzen.

2 Drei flache Schalen vorbereiten: eine mit glutenfreiem Mehl, die zweite mit geschlagenen Eiern und die dritte mit Kokosraspeln.

3 Jede Garnele erst im Mehl wenden, überschüssiges Mehl abschütteln, dann durch das geschlagene Ei ziehen und schließlich in den Kokosraspeln wälzen, bis sie gut bedeckt sind.

4 In einer großen Pfanne 4 EL Kokosöl bei mittlerer Hitze erhitzen. Die Garnelen in Chargen braten, bis sie auf beiden Seiten goldbraun sind, etwa 2 bis 3 Minuten pro Seite. Auf Küchenpapier abtropfen lassen.

5 Für den Dip Kokosmilch, Limettensaft, Honig, Chiliflocken (falls verwendet) und 1 Prise Salz in einer kleinen Schüssel verrühren.

Desserts

BAKLAVA MIT NÜSSEN UND HONIG

12 Port.

1 Std., 20 Min.

Mittel

Zutaten

200 g gemischte Nüsse (Walnüsse, Pistazien, Haselnüsse), grob gehackt
1 TL Zimt
250 g Filoteig (glutenfrei, falls verfügbar)
150 g Butter, geschmolzen (oder eine vegane Alternative für eine laktosefreie Option)
200 ml Honig
100 ml Wasser
1 EL Zitronensaft
2 EL Olivenöl zum Einfetten der Backform

Nährwerte p. P.

320 kcal
40 g Kohlenhydrate
16 g Fett
6 g Eiweiß

1 Den Ofen auf 160 °C (Ober-/Unterhitze) vorheizen. Eine rechteckige Backform mit Olivenöl einfetten.

2 Nüsse in einer Schüssel mit Zimt mischen.

3 Eine Lage Filoteig in die Backform legen und mit geschmolzener Butter bestreichen. Wiederholen Sie diesen Schritt, bis etwa die Hälfte des Filoteigs verwendet ist.

4 Die Nussmischung gleichmäßig auf den geschichteten Filoteig streuen.

5 Die restlichen Filoteigblätter darüberlegen, dabei jedes Blatt wieder mit Butter bestreichen. Die oberste Schicht ebenfalls gut mit Butter bestreichen. Mit einem scharfen Messer in Stücke schneiden.

6 Im vorgeheizten Ofen etwa 50 Minuten backen, bis die Baklava goldbraun und knusprig ist.

7 Während die Baklava backt, Honig, Wasser und Zitronensaft in einem Topf zum Kochen bringen. Bei niedriger Hitze 10 Minuten köcheln lassen, bis ein Sirup entsteht.

8 Die fertige Baklava aus dem Ofen nehmen und sofort mit dem heißen Honigsirup übergießen. Vollständig abkühlen lassen, damit der Sirup einziehen kann.

ZITRONENSORBET MIT MINZE

4 Port.

4 Std., 20 Min. inkl. Gefrierzeit

Leicht

Zutaten

250 ml frisch gepresster Zitronensaft (etwa 5 - 6 Zitronen)
200 g Zucker
500 ml Wasser
1 Handvoll frische Minzblätter, zusätzlich einige zur Garnierung
Optional: 1 EL Wodka (hilft, die Konsistenz weicher zu machen und die Bildung von Eiskristallen zu verhindern)

Nährwerte p. P.

150 kcal
38 g Kohlenhydrate
0 g Fett
0 g Eiweiß

1 In einem Topf das Wasser zusammen mit dem Zucker zum Kochen bringen. Rühren, bis der Zucker vollständig aufgelöst ist. Vom Herd nehmen und vollständig abkühlen lassen.

2 Den frisch gepressten Zitronensaft und die Minzblätter zum abgekühlten Zuckersirup geben. Nach Geschmack optional 1 EL Wodka hinzufügen.

3 Die Mischung durch ein feines Sieb gießen, um die Minzblätter und etwaige Fruchtfleischreste zu entfernen.

4 Die Flüssigkeit in eine flache, gefriergeeignete Schale gießen und für mindestens 4 Stunden oder bis zur vollständigen Gefrierung in den Gefrierschrank stellen.

5 Während des Gefrierens alle 30 Minuten mit einer Gabel durchrühren, um große Eiskristalle zu brechen und eine gleichmäßige Sorbettextur zu erreichen.

6 Vor dem Servieren das Sorbet aus dem Gefrierschrank nehmen und kurz bei Raumtemperatur stehen lassen, um es leicht anzutauen. Mit einem Eisportionierer oder Löffel Kugeln formen und in Dessertschalen geben. Mit frischen Minzblättern garnieren und sofort servieren.

KÄSEBÄLLCHEN IN SÜẞER SAHNE (RASMALAI)

4 Port.

1 Std., 30 Min.

Mittel

Zutaten für die Käsebällchen:

1 Liter Vollmilch
2 EL Zitronensaft
1 EL Zucker
2 EL Wasser

Für die süße Sahne:

500 ml Vollmilch
100 ml Sahne
4 EL Zucker
½ TL Kardamompulver
1 Prise Safranfäden
2 EL gehackte Pistazien
2 EL gehackte Mandeln

Nährwerte p. P.

280 kcal
22 g Kohlenhydrate
16 g Fett
8 g Eiweiß

1 Für die Käsebällchen die Milch in einem Topf zum Kochen bringen. Zitronensaft hinzufügen und rühren, bis die Milch gerinnt. Die Masse durch ein feines Tuch sieben, um den Käse (Paneer) von der Molke zu trennen. Den Paneer 20 Minuten unter einem schweren Gegenstand pressen, um überschüssige Flüssigkeit zu entfernen.

2 Den Paneer zu einer glatten Masse kneten, dann kleine Bällchen formen. In einem breiten Topf Wasser und 1 EL Zucker zum Kochen bringen und die Käsebällchen vorsichtig hineingeben. Bei mittlerer Hitze 10 Minuten kochen, dann abkühlen lassen.

3 Für die süße Sahne Milch, Sahne, Zucker, Kardamompulver und Safran in einem Topf zum Kochen bringen. Bei niedriger Hitze köcheln lassen, bis die Mischung auf die Hälfte reduziert ist.

4 Die gekochten Käsebällchen in die reduzierte Milch geben und 10 Minuten bei niedriger Hitze köcheln lassen.

5 Das Rasmalai in eine Schale geben und mit gehackten Pistazien und Mandeln bestreuen. Vor dem Servieren kalt stellen.

APFELSTRUDEL MIT VANILLESOSSE

4 Port.

35 Min.

Leicht

Zutaten

1 Packung glutenfreier Blätterteig (etwa 250 g)
4 mittelgroße Äpfel, geschält, entkernt und in dünne Scheiben geschnitten
50 g Rosinen
2 EL Zitronensaft
50 g Zucker
1 TL Zimt
30 g gemahlene Mandeln
2 EL geschmolzene Butter (oder eine vegane Alternative) zum Bestreichen

Für die Vanillesoße

500 ml Milch (oder eine pflanzliche Alternative)
1 Vanilleschote, längs halbiert und das Mark herausgekratzt
4 EL Zucker
2 EL Maisstärke
1 EL Butter (oder eine vegane Alternative)

Nährwerte p. P.

350 kcal
55 g Kohlenhydrate
12 g Fett
5 g Eiweiß

1 Den Ofen auf 180 °C (Ober-/Unterhitze) vorheizen. Ein Backblech mit Backpapier auslegen und leicht mit Olivenöl einfetten.

2 In einer großen Schüssel die Apfelscheiben mit Rosinen, Zitronensaft, Zucker, Zimt und gemahlenen Mandeln vermischen.

3 Den Blätterteig auf einer leicht bemehlten Arbeitsfläche ausrollen und die Apfelmischung gleichmäßig darauf verteilen, dabei an den Rändern etwa 2 cm frei lassen.

4 Den Teig vorsichtig aufrollen und die Enden gut verschließen. Den Strudel mit der Nahtseite nach unten auf das vorbereitete Backblech legen und mit der geschmolzenen Butter bestreichen.

5 Im vorgeheizten Ofen etwa 35 bis 40 Minuten backen, bis der Strudel goldbraun und knusprig ist.

6 Während der Strudel backt, für die Vanillesoße in einem Topf Milch, Vanillemark und -schote, Zucker und Maisstärke unter Rühren zum Kochen bringen. Bei niedriger Hitze weiterköcheln lassen, bis die Soße eindickt. Vor dem Servieren die Vanilleschote entfernen und die Butter einrühren, bis sie vollständig geschmolzen ist.

KÜRBIS-KÄSEKUCHEN

8 Port.

1 Std., 45 Min. inkl. Back- und Kühlzeit

Mittel

Zutaten für den Boden

200 g glutenfreie Kekse, fein zerkrümelt
75 g Butter, geschmolzen (oder vegane Alternative)
2 EL Zucker

Zutaten für die Füllung

400 g Frischkäse (oder vegane Alternative), Raumtemperatur
250 g Kürbispüree
150 g Zucker
3 große Eier
1 TL Vanilleextrakt
1 TL Zimt
¼ TL Muskat
¼ TL Ingwer, gemahlen
1 Prise Salz
Etwas Olivenöl zum einfetten

Nährwerte p. P.

320 kcal
40 g Kohlenhydrate
15 g Fett
7 g Eiweiß

1 Den Ofen auf 160 °C (Ober-/Unterhitze) vorheizen. Eine Springform (Ø 23 cm) leicht mit Olivenöl einfetten und den Boden mit Backpapier auslegen.

2 Für den Boden die Kekskrümel, geschmolzene Butter und Zucker in einer Schüssel vermischen, bis alles gut verbunden ist. Die Mischung fest in den Boden der vorbereiteten Form drücken. Im Ofen etwa 10 Minuten vorbacken, dann herausnehmen und abkühlen lassen.

3 Für die Füllung in einer großen Schüssel den Frischkäse glatt rühren. Kürbispüree, Zucker, Eier, Vanilleextrakt, Zimt, Muskat, Ingwer und Salz hinzufügen und gut vermischen, bis eine homogene Masse entsteht.

4 Die Kürbismasse auf den vorbereiteten Boden gießen und glatt streichen.

5 Den Käsekuchen im Ofen etwa 55 bis 60 Minuten backen, bis die Füllung fest, aber in der Mitte noch leicht wackelig ist.

6 Den Käsekuchen im ausgeschalteten Ofen mit geöffneter Tür langsam abkühlen lassen, um Risse zu vermeiden. Anschließend für mindestens 4 Stunden oder über Nacht in den Kühlschrank stellen.

7 Vor dem Servieren den Käsekuchen aus der Form lösen und nach Wunsch mit geschlagener Sahne und einem Hauch Zimt garnieren.

Getränke

GRÜNER DETOX-SMOOTHIE

2 Port.

10 Min.

Einfach

Zutaten

2 Handvoll frischer Spinat
1 mittelgroßer Apfel, entkernt und grob gehackt
½ Gurke, geschält und grob gehackt
1 kleines Stück frischer Ingwer (ca. 2 cm), geschält
Saft von 1 Zitrone
250 ml kaltes Wasser
Optional: 1 TL Chiasamen für zusätzliche Ballaststoffe

Nährwerte p. P.

120 kcal
28 g Kohlenhydrate
0,5 g Fett
2 g Eiweiß

1 Alle Zutaten in den Mixer geben.

2 Mixen, bis der Smoothie eine glatte, gleichmäßige Konsistenz erreicht hat. Je nach gewünschter Dicke kann etwas mehr Wasser hinzugefügt werden.

3 Den Smoothie in Gläser füllen und sofort servieren, um die maximale Nährstoffaufnahme zu gewährleisten.

MATCHA-LATTE

1 Port.

10 Min.

Einfach

Zutaten

1 TL Matcha-Grünteepulver
250 ml Kokosmilch
½ TL Vanilleextrakt
Optional: 1 TL Honig oder Agavensirup zur Süßung
Optional: 1 Prise Zimt zum Garnieren

Nährwerte p. P.

180 kcal
8 g Kohlenhydrate
16 g Fett
2 g Eiweiß

1 Die Kokosmilch in einem Topf bei mittlerer Hitze erwärmen, aber nicht zum Kochen bringen.

2 Das Matcha-Grünteepulver in eine Tasse geben. Ein wenig heiße Kokosmilch dazugeben und mit einem Schneebesen oder Matcha-Besen verrühren, bis keine Klümpchen mehr vorhanden sind und eine glatte Paste entsteht.

3 Den Vanilleextrakt und optional Honig oder Agavensirup hinzufügen. Die restliche heiße Kokosmilch dazugießen und gut umrühren.

4 Optional mit einer Prise Zimt garnieren und sofort genießen.

BEEREN-ANTIOXIDANTIEN-SMOOTHIE

2 Port. 10 Min. Einfach

Zutaten

1 Tasse gemischte Beeren (frisch oder gefroren)
1 reife Banane
1 Handvoll frischer Spinat
1 EL Leinsamen
2 Tassen Mandelmilch
Optional: 1 TL Honig oder Agavensirup zur Süßung

Nährwerte p. P.

ca. 220 kcal
35 g Kohlenhydrate
7 g Fett
5 g Eiweiß

1 Alle Zutaten in einen leistungsstarken Mixer geben.

2 Mixen, bis die Mischung glatt und cremig ist. Je nach Vorliebe kann die Konsistenz durch Hinzufügen von mehr Mandelmilch oder Wasser angepasst werden.

3 Den Smoothie in Gläser füllen und sofort genießen, um von den vollen Nährstoffen und Antioxidantien zu profitieren.

KOKOSWASSER-ELEKTROLYT-DRINK

1 Port.

5 Min.

Sehr Einfach

Zutaten

250 ml Kokoswasser
Saft von ½ Limette
1 Prise Salz
1 TL Agavensirup

Nährwerte p. P.

ca. 60 kcal
14 g Kohlenhydrate
0 g Fett
0 g Eiweiß

1 Alle Zutaten in ein Glas geben.

2 Gut umrühren, bis der Agavensirup und das Salz vollständig im Kokoswasser aufgelöst sind.

3 Den Drink mit Eiswürfeln servieren oder gekühlt genießen.

Soßen, Cremes & Dips

AVOCADO-CILANTRO-DIP

4 Port.

10 Min.

Einfach

Zutaten

2 reife Avocados
Saft von 1 Limette
½ Tasse frischer Koriander, grob gehackt
2 Knoblauchzehen, fein gehackt
Salz und frisch gemahlener schwarzer Pfeffer nach Geschmack
Optional: 1 - 2 EL Olivenöl für eine cremigere Konsistenz

Nährwerte p. P.

ca. 150 kcal
8 g Kohlenhydrate
12 g Fett
2 g Eiweiß

1 Die Avocados halbieren, entkernen und das Fruchtfleisch mit einem Löffel in eine Schüssel geben.

2 Das Avocadofruchtfleisch mit einer Gabel zerdrücken oder für eine glattere Konsistenz einen Stabmixer verwenden.

3 Limettensaft, frischen Koriander und Knoblauch hinzufügen. Nach Belieben Olivenöl für zusätzliche Cremigkeit einrühren. Alles gut vermischen.

4 Mit Salz und Pfeffer abschmecken. Den Dip in eine Servierschale geben und bis zum Servieren kalt stellen.

ZITRONEN-TAHINI-DRESSING

 4 Port.  10 Min.  Einfach

Zutaten

100 ml Tahini (Sesampaste)
Saft von 2 Zitronen
1 Knoblauchzehe, fein gehackt oder gepresst
30 - 60 ml Wasser, je nach gewünschter Konsistenz
2 EL Olivenöl
Salz und frisch gemahlener schwarzer Pfeffer nach Geschmack

Nährwerte p. P.

ca. 120 kcal
3 g Kohlenhydrate
11 g Fett
2 g Eiweiß

1 In einer kleinen Schüssel Tahini und Zitronensaft mit einem Schneebesen oder einer Gabel gut vermischen, bis die Mischung glatt ist.

2 Den fein gehackten oder gepressten Knoblauch hinzufügen und gründlich unterrühren.

3 Das Wasser schrittweise einrühren, beginnend mit 2 EL, und weiteres Wasser hinzufügen, bis das Dressing die gewünschte Konsistenz erreicht. Es sollte cremig, aber gießbar sein.

4 Olivenöl unterrühren und mit Salz und Pfeffer abschmecken.

MANGO-SALSA

4 Port.

15 Min.

Einfach

Zutaten

2 reife Mangos, gewürfelt
½ rote Zwiebel, fein gewürfelt
1 Handvoll frischer Koriander, grob gehackt
1 Jalapeño, entkernt und fein gehackt (Menge anpassen je nach gewünschter Schärfe)
Saft von 2 Limetten
Salz und frisch gemahlener schwarzer Pfeffer nach Geschmack
Optional: 1 EL Olivenöl für zusätzliche Geschmeidigkeit

Nährwerte p. P.

ca. 70 kcal
17 g Kohlenhydrate
0,5 g Fett
1 g Eiweiß

1 In einer mittelgroßen Schüssel die gewürfelten Mangos, rote Zwiebel, gehackten Koriander und Jalapeño vermischen.

2 Den frisch gepressten Limettensaft hinzufügen und, falls verwendet, das Olivenöl. Alles gut vermengen.

3 Mit Salz und Pfeffer abschmecken und vor dem Servieren einige Minuten ziehen lassen, damit sich die Aromen verbinden können.

4 Die Mango-Salsa kann als Beilage zu gegrilltem Fisch oder Fleisch, als Topping für Tacos oder einfach als erfrischender Dip mit Tortillachips serviert werden.

CASHEW-CREME

4 Port. | 10 Min. + Einweichzeit | Einfach

Zutaten

200 g Cashewnüsse, mindestens 4 Stunden oder über Nacht in Wasser eingeweicht
Saft von 1 Zitrone
1 Knoblauchzehe, fein gehackt
60 - 120 ml Wasser, je nach gewünschter Konsistenz
Salz und frisch gemahlener schwarzer Pfeffer nach Geschmack
Optional: 1 EL Olivenöl für eine geschmeidigere Konsistenz

Nährwerte p. P.

ca. 150 kcal
8 g Kohlenhydrate
12 g Fett
5 g Eiweiß

1 Die eingeweichten Cashewnüsse abgießen und gründlich unter fließendem Wasser abspülen.

2 Die abgespülten Cashewnüsse zusammen mit dem Zitronensaft, dem gehackten Knoblauch und dem Startvolumen von 60 ml Wasser in einen Hochleistungsmixer geben.

3 Die Zutaten auf höchster Stufe mixen, bis eine glatte, cremige Konsistenz entsteht. Bei Bedarf schrittweise mehr Wasser hinzufügen, bis die Creme die gewünschte Dicke erreicht.

4 Mit Salz und Pfeffer abschmecken und optional 1 EL Olivenöl für zusätzliche Cremigkeit unterrühren.

5 Die Cashew-Creme in ein sauberes Glas füllen und im Kühlschrank aufbewahren. Vor dem Servieren umrühren.